महानायक

सम्राट अशोक

एम. एम. चन्द्रा

डायमंड बुक्स

www.diamondbook.in

प्रकाशकः डायमंड पॉकेट बुक्स प्रा. लि.
X-30, ओखला इंडस्ट्रियल एरिया,
फेस II, नई दिल्ली 110020
फोन 011-40712200
ईमेल : sales@dpb.in
वेबसाइड : www.diamondbook.in
द्वितीय संस्करण : 2016

Mahanayak Samrat Ashok
by : M. M. Chandra

समर्पण

जिनकी पक्षधरता ने मुझे इस मुकाम पर पहुंचाया। प्रथम गुरु भरत लाल चौधरी और प्रत्येक दु:ख-सुख के समय नेतृत्व की भूमिका निभाने और मेरी क्षमताओं को निरन्तर विकसित करने वाली मेरी पत्नी अवनी को सस्नेह समर्पित।

'बादशाहों के दसियों हजार नामों में, जिनसे इतिहास भरे हुए हैं, जिनमें बड़े-बड़े सम्राट, महामहिम और शहंशाह हैं, अशोक का नाम इस तरह से चमक रहा है, जैसे कोई सितारा हो। वोल्गा से लेकर जापान तक उसका नाम आज भी आदर के साथ लिया जाता है।'

–एच. जी. वेल्स

प्रकाशकीय

विश्व इतिहास में बहुत से महान व्यक्ति हुए हैं जिनकी कीर्ति और महानता युगों-युगों तक याद की जाती है। विश्व इतिहास में सम्राट अशोक को 'महान' की उपाधि से विभूषित किया गया है। किसी ने ठीक ही कहा है कि 'किसी व्यक्ति के यश और प्रसिद्धि को मापने का मापदंड असंख्य लोगों का हृदय है- जो उसकी पवित्र स्मृति को सजीव रखता है, अगणित मनुष्यों की वह जिह्वा है जो उसकी कीर्ति का गान करती है।'

कलिंग के भीषण युद्ध के बाद अशोक ने अपनी युद्ध आधारित दिग्विजय की नीति छोड़कर, धर्म विजय और कल्याण की नीति को अपनाया जिसके कारण आज के युग में सम्राट अशोक को महान विजेता, महान शासक और महान संत के साथ ही साथ उस सदी के महानायक की उपाधि दी जाती है। आधुनिक राजतंत्र प्रणाली में मात्र अशोक ही ऐसा राजा रहा जिसने अपने साम्राज्य के सभी अधिकारियों को लोकमन के कार्यों में लगा दिया था। अशोक की राजनीति, नीति धर्म पूर्णतः कल्याणकारी राज्य के लिए संचालित थी। इसलिए अशोक का एक ही आदर्श था - 'लोककल्याण से बढ़कर दूसरा और कोई कर्म नहीं है, जो कुछ मैं पुरुषार्थ करता हूं, वह लोगों पर उपकार नहीं।'

महान सम्राट अशोक आज भी जनता में अत्यधिक लोकप्रिय हैं क्योंकि वह अपनी जनता को समान स्नेह करता था। जनता का सुख-दुःख

जानने के लिए वह वेश बदलकर समय-समय पर भ्रमण किया करता था। जनता के संपर्क में आकर उसके दु:ख को समझने का अवसर प्राप्त करता था। सम्राट अशोक अपने राज्य की भौतिक एवं नैतिक दोनों प्रकार की उन्नति चाहता था।

महान अशोक अपने धम्म प्रचार के माध्यम से मनुष्यता के सिद्धांतों पर जोर देता था, इससे सभी धर्मों के बीच संतुलन बनाने में सफलता हासिल की। महान अशोक संसार के उन गिने-चुने सम्राटों में से एक थे जिन्होंने धर्म-विजय के द्वारा समस्त राज्य एवं पड़ोसी देशों में सत्य, अहिंसा, शांति, मानव कल्याण एवं मानव प्रेम का संदेश जन-जन तक ही नहीं पहुंचाया बल्कि मौर्य साम्राज्य में कल्याणकारी राज्य की अवधारणा को भी मूर्त रूप प्रदान किया। सड़कों का निर्माण, उसके किनारे वृक्षों का आरोपण, विश्राम शालाओं और प्याऊ निर्माण, सुरक्षा आदि जैसे कार्यों की आभा आज तक विश्व में चमक रही है।

अशोक ने पूरे विश्व में बौद्ध धर्म के प्रचार के साथ शांति, अहिंसा एवं प्रेम का व्यापक प्रचार करके मानव के उच्चतम मूल्यों की स्थापना की और विश्व-भर में विश्वबंधुत्वता का सूत्रपात किया।

इसीलिए हमारा मत है कि आधुनिक परिवेश में महान अशोक का जीवन और उनकी उपलब्धियां पाठकों तक पहुंचनी चाहिए ताकि भारत में भी नैतिकता के उच्च मूल्यों को बनाये रखा जा सके।

–नरेन्द्र कुमार वर्मा
nk@dpb.in

भूमिका

सम्राट अशोक के बारे में कई ऐसी जानकारियां हैं जो आज भी लोगों को ज्ञात नहीं हैं जिनके अभाव में उनका सही-सही मूल्यांकन नहीं कर पाते हैं। इतिहासकारों का मानना है कि भारत में साम्राज्य की स्थापना और एकता के सूत्र में बांधने का श्रेय मौर्य वंश के महान सम्राट अशोक को जाता है। इसीलिए मौर्य साम्राज्य भारत का सबसे बड़ा साम्राज्य बनकर विश्व पटल पर उभरा था।

सम्राट अशोक के दौरान ही भारत अपने स्वर्णिम दौर से गुजर रहा था। जब उन्होंने राज्य का शासन संभाला तो भारत दुनिया का सबसे समृद्ध एवं शक्तिशाली राज्य बन चुका था। हालांकि सम्राट अशोक को अपने आपको साबित करने के लिए अपने ही भाइयों से कई युद्ध करने पड़े थे किंतु मगध, उज्जैन के विद्रोह को अपनी कुशल रणनीति से समाप्त कर दिया था।

अपने शासन काल में सम्राट अशोक ने ऐसे कई नए कार्य किये जिनकी वजह से भारत में ही नहीं, विश्व इतिहास में उनको विशेष स्थान प्राप्त है। सम्राट अशोक मौर्य सम्राज्य को विश्वशक्ति के रूप में प्रस्तुत करने में बेहद सफल रहे। विश्व इतिहास में सम्राट अशोक- 'अशोक महान' के नाम से प्रसिद्ध हैं। यह 'महान' की उपाधि उन्हें इसलिए नहीं मिली कि उनका साम्राज्य पूर्व में बंगाल, अफगानिस्तान, कश्मीर और मैसूर तक फैला हुआ था। इसलिए भी नहीं कि उन्होंने कलिंग जैसे स्वतंत्र राज्यों को पराजित करके अपने साम्राज्य का विस्तार किया।

सम्राट अशोक 'महान' इसलिए कहलाए क्योंकि उन्होंने अपने कटु अनुभव के आधार पर मानवता के सत्य स्वरूप को समझ लिया था। साम्राज्य को स्थायित्व प्रदान करने का उचित समय उन्होंने चुन लिया था। युद्ध की विभिषिकाओं और जन-सेवा के महत्व को समझ लिया था।

उन्हें अपनी विरासत में एक विशाल एवं सम्पन्न साम्राज्य प्राप्त हुआ था, किन्तु राज्य में विद्रोह और पड़ोसी राज्यों के स्वतंत्र होने की इच्छा ने युद्ध और साम्राज्य विघटन की भावना को बल प्रदान किया।

किन्तु सम्राट अशोक बुद्धिमान राजा थे उन्होंने युद्ध द्वारा साम्राज्य विस्तार को थोड़ा आगे चलकर रोक दिया। कलिंग युद्ध के पश्चात उनके मन में परिवर्तन आया और विचारपूर्वक युद्ध की हानियों एवं अवांछनीयता को समझा और अपना मार्ग बदल लिया। इसलिए सम्राट अशोक निस्सन्देह एक बुद्धिमान, 'महान अशोक' की उपाधि से नवाजे जाते हैं जिन्हें हम आज महानायक के रूप में जानते हैं।

राज सिंहासन प्राप्त करते ही सम्राट अशोक ने अपने विस्तृत साम्राज्य का और अधिक विस्तार करने के बारे में सोचा लेकिन कलिंग एक ऐसा स्वाभिमानी प्रदेश था जिसने सम्राट की सत्ता को स्वीकार नहीं किया। वैसे यह बात भी याद रखने लायक है कि कलिंग राज्य न तो मौर्य साम्राज्य की सीमाएं छूता था और न किसी प्रकार उसे परेशान करता था, किन्तु अशोक यह अच्छी तरह से जानते थे कि कलिंग राज्य पहले भी मौर्य साम्राज्य का अंग था और देर-सवेर यदि कलिंग को नहीं जीता गया तो उस जैसे अन्य राज्य भी स्वतन्त्रता पाने की कोशिश करने लगेंगे।

कलिंग की जनता दासता के अभिशाप को अच्छी तरह समझती थी। दासता और अपमानित जीवन की अपेक्षा कलिंग के स्वाभिमानी लोगों ने युद्ध करना अधिक श्रेयस्कर समझा।

सम्राट अशोक के लिए कलिंग का युद्ध निर्णायक साबित हुआ। युद्ध में उनकी विजय हुई किन्तु जब तक कलिंग युद्ध समाप्त हुआ तब तक लाखों लोग मारे जा चुके थे। पुरुष नाम का कोई चिन्ह वहां बाकी न रहा। इस युद्ध में अकेले कलिंग की राजधानी में ही लगभग ढाई लाख व्यक्ति घायल हुए और 50 हजार बन्दी बनाये गए और 1 लाख से ऊपर लोग मारे गये।

कलिंग युद्ध के पश्चात अशोक का हृदय परिवर्तन हुआ और मनुष्यता जाग उठी। उनका हृदय बदला, मार्ग बदला और बदल दिया अपना दृष्टिकोण। बौद्ध धर्म अपनाने के बाद अब वह अपने को प्रजा का स्वामी नहीं, सेवक समझने लगा। कलिंग युद्ध के पश्चात ही उनके हृदय में करुणा भर आई। इसीलिए अशोक जन-सेवा के क्षेत्र में काम करने लगे और राज्य-विस्तार छोड़ कर अब बौद्ध धर्म का प्रचार-प्रसार करने लगे थो।

सम्राट अशोक ने अपने समस्त साम्राज्य में धम्म शिक्षाओं से अंकित शिक्षालेख तथा स्तूप बनवाये। उसने धम्म शिक्षाओं के मूल को साझा करने का प्रयत्न किया। सत्य, अहिंसा, दया, आत्म-संयम, पवित्रता, करुणा तथा सहानुभूति का प्रचार करते हुए क्रोध, क्रूरता तथा ईर्ष्या जैसे दुर्गुणों से बचने की शिक्षा दी। जीवों के प्रति दया, माता-पिता की सेवा तथा गुरुजनों के प्रति आदर-भावना को अशोक के धम्म लेखों में प्रमुख स्थान दिया गया।

यही नहीं कि अशोक ने बौद्ध धर्म को अपने राज्य में प्रमुख स्थान दिया, बल्कि बौद्ध धर्म के विकास एवं विस्तार के लिए विद्वानों तथा महात्माओं की एक समिति स्थापित की। राज्य के समस्त कर्मचारियों को आदेश दे दिया कि वे जनता की प्रगति के प्रति दृष्टि रखें।

अशोक ने अपने पुत्र महेन्द्र एवं पुत्री संघमित्रा के साथ-साथ धर्ममहापात्रों को लंका, चीन एवं इण्डोचाइना आदि देशों में बौद्ध धर्म-प्रचार के लिए भेजा। आज संसार-भर में जो बौद्ध-धर्म का स्वरूप दिखता है, उसका सारा श्रेय सम्राट अशोक और उनकी धम्म नीति को ही जाता है।

बौद्ध धर्म के प्रचार-प्रसार के साथ-साथ सम्राट अशोक ने जनता के लिए अनेक लोक कल्याणकारी कार्य किये। सम्राट अशोक ने अपनी धम्म नीति के अनुसार अनेक समितियों की स्थापना की, दान-शालायें खुलवाईं और न्यायालयों का सुधार एवं ग्रामीण स्तर तक विस्तार किया। उन्होंने समस्त राज्य में सड़कों का निर्माण कराया, सड़कों के किनारे फलदार तथा छायादार वृक्ष लगवाये और आधे-आधे कोस पर हजारों कुंओं का निर्माण कराया। सैकड़ों धर्मशालाओं तथा औषधालयों के निर्माण के साथ-साथ पशुओं और मनुष्यों के लिए अनेक चिकित्सालयों का भी बड़े पैमाने पर प्रबन्ध किया।

सम्राट अशोक के व्यक्तित्व और उनकी नीतियों ने यह स्पष्ट कर दिया कि मनुष्य संसार में क्या कुछ नहीं कर सकता है। सम्राट अशोक के जीवन से हमें प्रेरणा मिलती है कि यदि मनुष्य प्राणि मात्र के प्रति मैत्रीपूर्ण व्यवहार करना शुरू कर दे तो मनुष्य जगत की सुख-सेवा के लिए यथा-सम्भव अपने आप प्रयत्न करने लगेगा ।

सम्राट अशोक का जीवन भारतीय समाज में एकता, सामाजिकता एवं धर्म के मूल तत्व को स्थापित करने में हमारी मदद करता है। मुझे आशा ही नहीं बल्कि पूरा विश्वास है कि मनुष्यता को बचाने में अशोक का जीवन हमारे लिए प्रेरणा स्रोत बनेगा।

–एम. एम. चन्द्रा

विषय सूची

1

अशोक की विरासत

सम्राट अशोक को विरासत में समृद्ध, विस्तृत एवं शक्तिशाली राज्य प्राप्त हुआ था। मौर्य साम्राज्य से पूर्व प्राचीन भारत एक प्रसिद्ध एवं समृद्ध राजवंश की परम्परा का साक्षी रहा था। ईसा पूर्व 326 में सिकन्दर की सेनाएं जब पंजाब के विभिन्न राज्यों में विध्वंसक युद्धों में व्यस्त थीं। उस समय देश को एक ऐसे व्यक्ति की आवश्यकता थी, जो मगध साम्राज्य की विदेशी आक्रमण से रक्षा कर सके। उसी समय चंद्रगुप्त मौर्य का उदय हुआ जो देश के विभिन्न भागों को एक शासन-सूत्र में बांधकर चक्रवर्ती सम्राट बन गया।

मौर्य राजवंश

मौर्य काल : 322-185 ईसा पूर्व
शासक : चंद्रगुप्त, बिंदुसार, अशोक, कुणाल।
संस्थापक : चन्द्रगुप्त मौर्य
भाषा : संस्कृत, पाली, प्राकृत, यूनानी और आरमेई
धर्म : जैन, बौद्ध और हिन्दू
राजधानी : पाटलिपुत्र
मुखिया : राजा
जनसंख्या : 5 करोड़
मुद्रा : चांदी के सिक्के

मौर्य साम्राज्य की राजधानी पाटलिपुत्र थी, लेकिन साम्राज्य को सुचारू रूप से चलाने के लिए उन्होंने साम्राज्य को विभिन्न प्रान्तों में विभाजित कर दिया जिन पर प्रांतपालों के माध्यम से शासन करते थे।

मौर्य साम्राज्य का शासन एक नगर परिषद् द्वारा किया जाता था। प्रत्येक समिति का निश्चित काम होता था। नगर परिषद् के द्वारा जनकल्याण के लिए विभिन्न प्रकार के कार्य किये जाते थे, जैसे- सड़कों, बाजारों, चिकित्सालयों, देवालयों, शिक्षा-संस्थाओं, जलापूर्ति साधनों, बंदरगाहों की मरम्मत तथा उनकी देख-रेख करना।

नगर प्रशासन

प्रथम समिति-	*उद्योग शिल्पों का निरीक्षण करना।*
द्वितीय समिति-	*विदेशियों की देखरेख करना।*
तृतीय समिति-	*जनगणना करना।*
चतुर्थ समिति-	*व्यापार वाणिज्य की व्यवस्था करना।*
पंचम समिति-	*विक्रय की व्यवस्था, निरीक्षण करना।*
षष्ठ समिति-	*बिक्रीकर की व्यवस्था करना*

मौर्य साम्राज्य के समय में गुप्तचर जाल महत्त्वपूर्ण माना जाता था। उस समय पूरे राज्य में गुप्तचरों का जाल बिछा दिया गया था जो राज्य पर किसी बाहरी आक्रमण या आंतरिक विद्रोह की खबर प्रशासन तथा सेना तक पहुंचाते थे।

भारत में सर्वप्रथम मौर्य शासनकाल में ही राष्ट्रीय राजनीतिक एकता स्थापित हुई थी। मौर्य प्रशासन में सत्ता का सुदृढ़ केन्द्रीयकरण था परन्तु राजा निरंकुश नहीं होता था। किन्तु इतिहासकारों का मत है कि मौर्य काल में गणतंत्र का ह्रास हुआ और राजतंत्रात्मक व्यवस्था सुदृढ़ हुई।

कौटिल्य के अनुसार, 'चक्रवर्ती क्षेत्र के अंतर्गत हिमालय से हिन्द महासागर तक सारा भारतवर्ष है।' मौर्य साम्राज्य में राजतंत्र के सिद्धांत की विजय हुई थी। इस युग में गणराज्यों का ह्रास होने लगा और शासन सत्ता अत्यधिक केन्द्रित हो गई। साम्राज्य की सीमा पर तथा साम्राज्य के अंदर कुछ अर्ध-स्वतंत्र राज्यों को मान्यता दी गयी थी, जैसे- काम्बोज, भोज, पैत्तनिक तथा आटविक राज्य।

मौर्य साम्राज्य में राजा की शक्ति में अत्यधिक वृद्धि हुई। परम्परागत राजशास्त्र सिद्धांत के अनुसार राजा धर्म का रक्षक है, धर्म का प्रतिपादक नहीं। राजशासन की वैधता इस बात पर निर्भर थी कि वह धर्म के अनुकूल हो।

मौर्य साम्राज्य का केन्द्रबिन्दु राजा था, अतः इतने बड़े साम्राज्य के शासन संचालन के लिए यह आवश्यक था कि राजा उत्साही, स्फूर्तिवान और प्रजा हित के कार्यों के लिए हमेशा तैयार रहे।

मौर्य साम्राज्य में महत्त्वपूर्ण पदाधिकारी होते थे- मंत्री, पुरोहित, सेनापति, युवराज, समाहर्ता, सन्निधाता तथा मंत्रिपरिषदाध्यक्ष। तीर्थ शब्द एक-दो स्थानों पर प्रयुक्त हुआ है। अधिकतर स्थलों पर इन्हें महामात्य के नाम से पुकारा जाता था। राजा इन्हीं के परामर्श से अन्य मंत्रियों तथा अधिकारियों की नियुक्ति करता था। राज्य के सभी अधिकरणों पर मंत्री और पुरोहित का नियंत्रण रहता था। सेनापति सेना का प्रधान होता था। ज्येष्ठ पुत्र युवराज पद पर परम्परागत तरीके से गद्दी संभालता था। शासन कार्य में शिक्षा देने के लिए उसे किसी जिम्मेदार पद पर नियुक्त किया जाता था। बिंदुसार के काल में अशोक मालवा प्रदेश का प्रशासक था और उसे विद्रोहों को दबाने या विजयाभियान के लिए भेजा जाता था।

विभिन्न अधिकारियों की मदद से चोरी, डकैती करने वाले अपराधियों को दंडित किया जाता था। इस प्रकार समाहर्ता एक प्रकार से आधुनिक वित्त मंत्री और गृहमंत्री के कर्तव्यों को पूरा करता था।

मौर्य साम्राज्य में धन की व्यवस्था हेतु इस युग में पहली बार राजस्व प्रणाली की रूपरेखा तैयार की गई। इसके पर्याप्त विवरण कौटिल्य ने भी दिए हैं। अनेक व्यवसाय ऐसे थे, जिन पर राज्य का पूर्ण आधिपत्य था और जिसका संचालन राज्य के द्वारा किया जाता था। इनमें खान, जंगल, नमक के व्यवसाय प्रमुख थे। कौटिल्य ने दो प्रकार की खानों का उल्लेख किया है—स्थल खानें और जल खानें। स्थल खानों से सोना, चांदी, लोहा, तांबा, नमक आदि प्राप्त किए जाते थे और जल खानों से मुक्ता, शुक्ति, शंख आदि। इन खानों से राज्य को पर्याप्त आय होती थी। जंगल राज्य की सम्पत्ति होते थे।

कौटिल्य ने राज्य सप्तांक सिद्धान्त निर्दिष्ट किया था, जिनके आधार पर मौर्य प्रशासन और उसकी गृह तथा विदेश नीति संचालित होती थी - राजा, अमात्य जनपद, दुर्ग, कोष, सेना और मित्र।

जंगल के पदार्थों को कारखानों में भेजकर उनसे विविध प्रकार की पण्य वस्तुएं तैयार कराई जाती थीं।

भारत की व्यापार की प्रगति के लिए प्रारम्भिक आधार तो मौर्य साम्राज्य में ही प्रदान हुआ था, जिन्होंने आन्तरिक यातायात के साधनों एवं मार्गों को काफी विकसित किया था। भारत में स्थल मार्गों का विकास मौर्य साम्राज्य में ही हुआ। ये मार्ग नदी घाटियों के साथ-साथ, तटीय प्रदेशों और पर्वतीय दर्रों में भी विकसित किए गए थे।

इसके अतिरिक्त देश के विभिन्न भाग अब उन व्यापारिक मार्गों से जुड़ गए थे जिनमें से कुछ मध्य एशिया एवं पश्चिम एशिया को जाते थे।

पुराणों के अनुसार अशोक के बाद 'कुणाल' गद्दी पर बैठा। 'दिव्यावदान' में उसे 'धर्मविवर्धन' कहा गया है, किन्तु अशोक के और भी पुत्र थे। 'राजतरंगिणी' के अनुसार जलौक कश्मीर का स्वतंत्र शासक बन गया। तारनाथ के अनुसार 'वीरसेन' अशोक का पुत्र था, जो गांधार का स्वतंत्र शासक बन गया। इस प्रकार हम देखते हैं कि अशोक की मृत्यु के बाद ही साम्राज्य का विघटन हो गया। कुणाल मौर्य साम्राज्य पर शासन करने में असमर्थ था। जैन तथा बौद्ध ग्रंथों के अनुसार शासन की बागडोर उसके पुत्र संप्रति के हाथ में थी। अनुश्रुतियों के अनुसार संप्रति ही कुणाल का उत्तराधिकारी था। इन प्रमाणों के आधार पर मौर्य साम्राज्य अन्त में दो भागों में विभक्त हो गया। दशरथ का अधिकार साम्राज्य के पूर्वी भाग में तथा संप्रति का पश्चिमी भाग में था। 'विष्णु पुराण' तथा 'गार्गी संहिता' के अनुसार संप्रति तथा दशरथ के बाद उल्लेखनीय मौर्य शासक 'सालिसुक' था। उसे संप्रति का पुत्र बृहस्पति भी माना जा सकता है। पुराणों में ही नहीं वरन 'हर्षचरित' में भी मगध के अन्तिम सम्राट का नाम 'बृहद्रत्त' दिया गया है। इनके अनुसार मौर्य वंश के अन्तिम सम्राट बृहद्रत्त की, उसके सेनापति पुष्यमित्र ने हत्या कर दी और स्वयं सिंहासन पर आरूढ़ हो गया।

2

मौर्य साम्राज्य : पतन के कारण

मौर्य साम्राज्य का मजबूत, समृद्ध और शक्तिशाली किला बृहद्रत्त की हत्या के पश्चात् ढह गया और भारतीय इतिहास की राजनीतिक एकता खंडित हो गई। भारतवर्ष हिन्दुकुश से लेकर कर्नाटक एवं बंगाल तक विभिन्न राजवंशों में बंट गया। देश में कई विदेशी आक्रांताओं ने आकर अनेक भागों को अपने अधीन कर लिया। दक्षिण भारत में स्थानीय शासक स्वतंत्र हो गये थे। मध्य प्रदेश का सिंधु घाटी एवं गोदावरी क्षेत्र से संबंध टूट गया और मगध के वैभव का स्थान साकल, प्रतिष्ठान और विदिशा आदि में विभाजित हो गया।

अशोक के बाद ही मौर्य साम्राज्य का पतन लगभग 50 वर्ष के अन्दर हो गया। मौर्य साम्राज्य का ऐसा अंत हो गया जिसकी किसी ने कल्पना भी नहीं की थी। इतने अल्प समय में इतने बड़े साम्राज्य का नष्ट हो जाना एक ऐसी घटना थी कि इतिहासकारों में साम्राज्य विनाश के कारणों की जिज्ञासा स्वाभाविक ही है।

हम मुख्य कारणों पर रोशनी डालने की कोशिश करते हैं–

(i) धार्मिक कारण

हरप्रसाद शास्त्री ने अशोक की धार्मिक नीति को साम्राज्य के पतन का मुख्य कारण माना है। उसके अनुसार अशोक की धार्मिक

नीति बौद्धों के पक्ष में थी और ब्राह्मणों के आर्थिक, धार्मिक और सामाजिक श्रेष्ठता की स्थिति पर कुठाराघात करती थी। अतः ब्राह्मणों की प्रतिक्रिया हुई, जिसके कारण उन्होंने मौर्य साम्राज्य के खिलाफ विद्रोह किया।

लेकिन इस मत के खिलाफ हेमचंद्र रायचौधरी का कहना है कि एक तो अशोक ने पशुबलि पर पूर्ण प्रतिबंध नहीं लगाया था और फिर स्वयं ब्राह्मण ग्रंथों में भी यज्ञादि अवसरों पर पशु-बलि के विरोध के स्वर स्पष्ट सुनाई दे रहे थे। अतः अशोक के तथाकथित प्रतिबंध को बढ़ा-चढ़ा कर दिखाया गया है। धम्ममहामात्रों के दायित्वों में कहीं भी उनके खिलाफ कोई उल्लेख नहीं मिलता है, जिस कारण उसे ब्राह्मण विरोधी कहा जाए।

समस्त अभिलेखों स्तम्भों में वे ब्राह्मण, श्रमण आदि सभी के कल्याण के लिए एक जैसी राजाज्ञाएं थीं। राजुकों जैसे न्यायाधिकारियों को जो अधिकार दिए गए वे भी ब्राह्मणों के अधिकारों पर आघात करने के उद्देश्य से नहीं अपितु दंड विधान को लोकहित एवं अधिक मानवीय बनाने के उद्देश्य से प्रेरित थे।

(ii) अयोग्य उत्तराधिकारी

मौर्य साम्राज्य के पतन के कारणों में अशोक के दुर्बल उत्तराधिकारियों को महत्त्वपूर्ण कारण माना जाता है। क्योंकि मौर्य साम्राज्य तभी तक बना रह सकता था जब तक योग्य शासकों की शृंखला बना रहती। चंद्रगुप्त और अशोक पराक्रमी योद्धा और कुशल शासक थे, जिसके कारण वे इतना विशाल साम्राज्य बनाए रखने में कामयाब रहे परन्तु अशोक के उत्तराधिकारी इस कार्य के लिए सर्वथा अयोग्य थे जिसके परिणामस्वरूप साम्राज्य के विभिन्न प्रदेश धीरे-धीरे अलग होने लगे। दुर्बल शासक विघटन को नहीं रोक सके। सम्राट अशोक का साम्राज्य उसके उत्तराधिकारियों में विभाजित हो गया और विघटन प्रक्रिया की तेज गति ने साम्राज्य की सुरक्षा ध्वस्त कर दी।

(iii) राज्य अधिकारियों की मनमानी

अशोक ने इन उच्च अधिकारियों की कार्यविधियों पर नियंत्रण रखा, किन्तु अन्य उत्तराधिकारियों के राज्यकाल में ये कर्मचारी अधिक स्वतंत्र हो गए और प्रजा पर अत्याचार करने लगे। कलिंग, उत्तरापथ और सम्भवत: दक्षिणापथ ने सबसे पहले मौर्य साम्राज्य से संबंध विच्छेद कर लिया।

(iv) कूटनीति की कमी

चंद्रगुप्त की विजयों, कौटिल्य की कूटनीति तथा चक्रवर्ती सम्राट के आदर्श के बावजूद मौर्य साम्राज्य के अंतर्गत कई अर्धस्वतंत्र राज्य थे, जैसे यवन, काम्बोज, भोज, आटविक आदि। अशोक के बाद कोई भी शासक इन्हें अपनी कूटनीति से एक सूत्र में नहीं बांध सका और इन राज्यों ने धीरे-धीरे मौर्य साम्राज्य की नींव खोदनी शुरू कर दी।

(v) केन्द्रीय सत्ता की दुर्बलता

केन्द्रीय सत्ता के दुर्बल होते ही उपरोक्त प्रदेश स्वतंत्र हो गए। स्थानीय स्वतंत्रता की भावना को चंद्रगुप्त ने अपने सुसंगठित शासन से तथा अशोक ने अपने नैतिकता पर आधारित धम्म से कम करने का प्रयास किया किन्तु अयोग्य उत्तराधिकारियों के शासनकाल में यह भावना और भी अधिक बढ़ गई और साम्राज्य के विघटन और पतन में सहायक सिद्ध हुई।

(vi) आर्थिक कारण

सम्राट अशोक के बाद मौर्य साम्राज्य के उत्तराधिकारियों ने आर्थिक गतिविधियों पर बिलकुल भी ध्यान नहीं दिया। कुछ विद्वानों ने आर्थिक कारणों को भी मौर्य साम्राज्य के पतन का कारण माना है। अन्य देशों से व्यापारिक संबंध खत्म हो गये, पड़ोसी राज्यों की स्वतंत्रता की

घोषणा ने राजस्व प्रणाली मृतप्राय: हो गई। भोग विलासिता और कर की वृद्धि ने मौर्य साम्राज्य को पतन की ओर धकेल दिया।

(vii) जन कल्याण एवं सैन्य खर्चों में कटौती

अशोक के बाद मौर्य साम्राज्य के दुर्बल उत्तराधिकारियों द्वारा शासन, सेना का संगठन, संचार साधन तथा जनता के कल्याण के बजाय जब बड़ी धनराशि विभिन्न सम्प्रदायों को दी जाने लगी तो शासन व्यवस्था और विशेषकर सैन्य संगठन की अवहेलना से राज्य कमजोर हो गया। इसके परिणामस्वरूप भी मौर्य साम्राज्य का पतन होना शुरू हो गया।

(viii) राज अधिकारियों के शिक्षण-प्रशिक्षण की कमी

सम्राट अशोक के बाद राज्य के शासनतन्त्र अधिकारियों का शिक्षण-प्रशिक्षण भी मौर्य साम्राज्य के पतन का एक महत्वपूर्ण कारण है, क्योंकि अधिकारिक तंत्र भली-भांति प्रशिक्षित नहीं था। प्रशिक्षित अधिकारी ही राजनीतिक उठापटक के समय शान्ति एवं व्यवस्था बनाए रखने में सहायक हो सकते थे। कौटिल्य के अर्थशास्त्र में ऐसी व्यवस्था हमें देखने को मिलती थी।

(ix) राजा के कार्यों पर नियन्त्रण की कमी

अशोक के समय तक शासन संचालन में विभिन्न समितियां काम करती थीं जो राजा को सुझाव देकर आंशिक ही सही लेकिन नियन्त्रण रखती थीं किन्तु अशोक के बाद शासन संगठन के संबंध में ऐसी प्रतिनिधि सभा का अभाव था जो कि राजा के कार्यों पर नियंत्रण रख सके चाहे वह सुझाव देने तक ही सीमित क्यों न हो। इन समितियों के अभाव ने भी मौर्य पतन को आगे बढ़ाने में मदद की।

(x) राज्य की कल्पना का अभाव

अशोक के बाद राजनीतिक व्यवस्था में राज्य की कल्पना का अभाव हो गया था। राज्य की कल्पना इसलिए आवश्यक है कि राज्य को राजा, शासन तथा सामाजिक व्यवस्था से ऊपर माना जाता था। राज्य ही वह सत्ता थी जिसके प्रति व्यक्ति की शासन व समाज में पूर्ण निष्ठा या भक्ति रहती थी किन्तु अशोक के बाद शासन में राज्य की कल्पना समाप्त हो गई थी। जबकि कौटिल्य ने जिस 'सप्तांग' राज्य की कल्पना की वह काफी विकसित थी। एक बड़े साम्राज्य में जिसमें अनेक राज्यों तथा जातियों के लोग हों, इसकी कल्पना करना बहुत जरूरी है इसी भावना की कमी ने मौर्य साम्राज्य के अन्त में अंतिम कील ठोंक दी।

उपर्युक्त सभी कारण मौर्य साम्राज्य विघटन के प्रबल कारण लगते हैं। मुख्य कारण तो केन्द्र में योग्य शासक का अभाव था। वंशानुगत साम्राज्य तभी तक बना रह सकता है जब तक वंश में एक के बाद दूसरा योग्य शासक नहीं आता। अशोक के बाद योग्य उत्तराधिकारियों का नितांत अभाव मौर्य साम्राज्य को ले डूबा।

3

चंद्रगुप्त मौर्य

चंद्रगुप्त मौर्य एक चक्रवर्ती सम्राट था जो मौर्य साम्राज्य का संस्थापक माना जाता है। चंद्रगुप्त के वंश और जाति के संबंध में विद्वान एकमत नहीं हैं। कुछ विद्वानों ने ब्राह्मण ग्रंथों, मुद्राराक्षस, विष्णुपुराण की मध्यकालीन टीका तथा 'मुद्राराक्षस' की टीका के आधार पर चंद्रगुप्त को 'शूद्र' माना है। चंद्रगुप्त के वंश के संबंध में ब्राह्मण, बौद्ध एवं जैन परम्पराओं व अनुश्रुतियों के आधार उसे कुलीन घराने से नहीं मानते हैं। विदेशी वृत्तांतों एवं उल्लेखों में भी स्थिति कुछ अस्पष्ट ही बनी रहती है।

प्राचीन भारत छोटे-छोटे गणों में विभक्त था। उस समय बहुत कम शासक जातियां थीं जिसमें शाक्य, मौर्य का प्रभाव ज्यादा था। चंद्रगुप्त उसी गण प्रमुख का पुत्र था जो कि चंद्रगुप्त के बचपन में ही योद्धा के रूप में मारा गया। चंद्रगुप्त में राजा बनने के स्वाभाविक गुण मौजूद थे। चाणक्य ने इसी योग्यता को देखते हुए उसे अपना शिष्य बना लिया एवं एक सबल राष्ट्र की नींव रखी जो मौर्य साम्राज्य के रूप में सामने आया।

चंद्रगुप्त गुप्तचरों का जाल बिछाकर अपने खिलाफ होने वाली गद्दारी की गुप्त सूचना एकत्र करके उन्हें समाप्त करता था- गुप्तचर व्यवस्था

भारत में शायद अभूतपूर्व नवीन घटना थी। उसके गुप्तचरों ने नंद के अधिकारियों को रिश्वत देकर उन्हें अपने पक्ष में कर लिया। इसके बाद नंद शासक ने अपना पद छोड़ दिया और चाणक्य और चंद्रगुप्त को विजयश्री प्राप्त हुई। चंद्रगुप्त मौर्य ने जनता का विश्वास भी जीतकर सत्ता पर अधिकार कर लिया।

मगध भारत का सबसे शक्तिशाली राज्य था। मगध पर कब्जा होने के बाद चंद्रगुप्त ने पश्चिमी तथा दक्षिणी भारत पर विजय अभियान आरंभ किया।

जब चंद्रगुप्त का सिकन्दर के सेनापति सेल्यूकस के मध्य युद्ध हुआ तो बाद में चंद्रगुप्त और सेल्यूकस के बीच एक संधि हुई जिसके अनुसार सेल्यूकस ने कंधार, काबुल, हेरात और बलूचिस्तान के प्रदेश चंद्रगुप्त को दे दिए। इसके साथ ही चंद्रगुप्त ने उसे उपहारस्वरूप 100 हाथी भेंट किए थे। इतना भी कहा जाता है कि चंद्रगुप्त ने सेल्यूकस की बेटी से वैवाहिक संबंध स्थापित किया था। सेल्यूकस ने मेगस्थनीज को चंद्रगुप्त के दरबार में राजदूत के रूप में भेजा था। अशोक के बारे में एप्पियानस ने लिखा है कि- 'सेल्यूकस ने सिंधु नदी पार की और भारत के सम्राट चंद्रगुप्त से युद्ध छेड़ा। अंत में उनमें संधि हो गई और वैवाहिक संबंध स्थापित हो गया।'

अपने पूर्वी राज्य की सुरक्षा के लिए सेल्यूकस ने चंद्रगुप्त से संधि करना ही उचित समझा और उस संधि को उसने वैवाहिक संबंध से और अधिक पुष्ट कर लिया।

4

चाणक्य

इनका व्यक्तिवाचक नाम 'विष्णुगुप्त', स्थानीय नाम 'चाणक्य' 'चाणक्यवासी' और गोत्र नाम 'कौटिल्य' 'कुटिल से' था।

प्रसिद्धि राजनीतिज्ञ और चंद्रगुप्त मौर्य के महामंत्री चाणक्य को पूरी दुनिया उनकी नीतियों की वजह से आज भी याद करती है। समय-काल परिस्थितियों के अनुसार चाणक्य नीति किसी न किसी रूप में आज भी लोगों के लिए प्रेरणा का काम करती है।

325 ई.पू. में उत्तर पश्चिमी भारत में सिकंदर के अधीन क्षत्रपों का शासन था। सिकंदर के आक्रमण के समय चाणक्य मगध को साम्राज्य विस्तार हेतु प्रोत्साहित करने आया। उस समय मगध अच्छा-खासा शक्तिशाली राज्य था किन्तु पड़ोसी राज्यों की आंखों में खटकता रहता था पर तत्कालीन मगध के सम्राट घनानंद ने चाणक्य को भरी सभा में अपमानित किया। उसने कहा कि तुम एक पंडित हो और अपनी चोटी का ही ध्यान रखो, युद्ध करना राजा का काम है तुम

नाम	*: चाणक्य*
अन्य नाम	*: कौटिल्य, विष्णुगुप्त*
जन्म	*: ईसा पूर्व 370*
जन्म भूमि	*: पंजाब*
मृत्यु	*: ईसा पूर्व 283*
मृत्यु स्थान	*: पाटलिपुत्र*
पत्नी	*: यशोमती*
रचना	*: अर्थशास्त्र*

पंडित हो सिर्फ पंडिताई करो।' तभी से चाणक्य ने प्रतिज्ञा ली कि घनानंद को सबक सिखा के रहेगा।

चंद्रगुप्त की योग्यता को देखते हुए चाणक्य ने उसको अपना शिष्य बना लिया। मगध राज्य को भी अपने अधीन कर लिया। चाणक्य की सहायता और उनके कुशल निर्देशन से ही चंद्रगुप्त मौर्य ने भारत में विशाल मौर्य साम्राज्य की स्थापना की थी।

चाणक्य ने 'अर्थशास्त्र' नामक एक ग्रन्थ की रचना की थी जो तत्कालीन राजनीति, अर्थनीति, इतिहास, आचरण शास्त्र, धर्म आदि पर भली-भांति प्रकाश डालता है। 'अर्थशास्त्र' मौर्य काल के इतिहास का दर्पण है। इसके माध्यम से हम उस समय के सामाजिक एवं राजनीतिक स्वरूप को अच्छी तरह समझ सकते हैं।

इस अर्थशास्त्र ने राजधर्म को प्रभावित किया। चाणक्य ने अर्थशास्त्र में वार्ता (अर्थशास्त्र) तथा दण्डनीति (राज्यशासन) के साथ तर्कशास्त्र तथा वैदिक ग्रन्थों पर भी बहुत बल दिया था। अर्थशास्त्र के अनुसार, 'यह राज्य का धर्म है कि वह देखे कि प्रजा वर्णाश्रम धर्म का उचित पालन करती है कि नहीं।'

अर्थशास्त्र विषयक सबसे प्राचीन ग्रन्थ कौटिल्य का अर्थशास्त्र ही माना जाता है। इसके पूर्व निश्चय ही बृहस्पति शुक्र तथा मनु के रचित ग्रन्थ थे, किन्तु अब वे उपलब्ध नहीं हैं।

कौटिल्य ने अर्थशास्त्र के अलावा तर्कशास्त्र पर भी महत्त्वपूर्ण कार्य किया है। वे तर्कशास्त्र को एक पृथक विद्या मानते हुए कहते हैं कि तर्कशास्त्र, त्रयी, वार्ता और दंडनीति ये चार विद्याएं हैं। तर्कशास्त्र के अंतर्गत वे सांख्य योग और लोकायत को भी रखते हैं। निश्चय ही तर्कशास्त्र के सर्वाधिक महत्व को सर्वप्रथम कौटिल्य ने ही प्रतिपादित किया है। उनका कहना है-

प्रदीपरू सर्वविद्ययानामुपायरू सर्वकर्मणाम।
आश्रयरू सर्वधर्माणां शश्वदान्वीक्षिकी मता।।

अर्थात तर्कशास्त्र सभी विद्याओं का शाश्वत प्रदीप, सभी कार्यों का शाश्वत साधन और सभी धर्मों का शाश्वत आश्रय है। कौटिल्य ने जैसे अर्थशास्त्र नामक एक नये शास्त्र का प्रवर्तन किया वैसे ही उन्होंने तर्कशास्त्र के सही स्वरूप को भी स्थापित किया था।

चाणक्य के अर्थशास्त्र ने अनेक विषयों को इसमें शामिल किया है। पं. जवाहर लाल नेहरू ने अपनी पुस्तक हिन्दुस्तान की कहानी में लिखा है- 'यह पुस्तक हुकूमत के सिद्धान्त और व्यवहार के सभी पहलुओं पर विचार करती है। इसमें राजा, मंत्रियों और सलाहकारों के कर्तव्य बताए गए हैं।'

5

बिंदुसार

चंद्रगुप्त के पुत्र बिंदुसार को ही दक्षिण तक साम्राज्य विस्तार का श्रेय दिया जाता है। पुराणों में वर्णित बिंदुसार ने कुछ ही वर्षों तक शासन किया था। उसे अमित्रघात (दुश्मनों का संहार करने वाला) की उपाधि से नवाजा गया है। यूनानी ग्रंथों में भी अमित्रोचटस नाम का उल्लेख पाया जाता है। बिंदुसार आजीवक धर्म को मानता था।

चंद्रगुप्त की मृत्यु के पश्चात उसका पुत्र 'बिंदुसार' सम्राट बना। जिसने मित्रतापूर्ण नीति का विस्तार किया और विदेशों में सम्पर्क स्थापित किया जिसके विषय में स्ट्रैवो ने लिखा है– 'सेल्यूकस के उत्तराधिकारी 'एण्टियोकस प्रथम' ने अपना राजदूत 'डायमेकस' बिंदुसार के दरबार में भेजा था।' उसी प्रकार प्लिनी ने भी कुछ तथ्यों की ओर संकेत किया है। 'टॉलमी द्वितीय फिलेडेल्फस ने डायोनियस को बिंदुसार के दरबार में नियुक्त किया।'

इतिहासकारों के अनुसार अपने पिता की भांति बिंदुसार भी जिज्ञासु था और विद्वानों तथा दार्शनिकों का आदर करता था। ऐथेनियस के अनुसार, 'बिंदुसार ने एण्टियोकस (सीरिया का शासक) को एक यूनानी दार्शनिक भेजने के लिए लिखा था।'

पुराणों के अनुसार बिंदुसार ने 24 वर्ष तक, किन्तु महावंश के अनुसार 27 वर्ष तक राज्य किया। डॉ. राधा कुमुद मुखर्जी, ने बिंदुसार की मृत्यु तिथि ईसा पूर्व 272 निर्धारित की है।

6

राधागुप्त

राधागुप्त आचार्य चाणक्य का शिष्य तथा मौर्य सम्राट बिंदुसार का प्रधानमंत्री था। अशोक को मौर्य साम्राज्य का राजसिंहासन दिलाने में राधागुप्त का पर्याप्त समर्थन प्राप्त हुआ था।

तक्षशिला में सुशीम के समय में ही तक्षशिला और उज्जैन का विद्रोह हुआ, जब पाटलिपुत्र का सिंहासन रिक्त हुआ। सुशीम इस विद्रोह को शांत ना कर सका। अशोक ने अवसर का लाभ उठाकर मंत्री राधागुप्त की सहायता से सिंहासन पर अधिकार कर लिया।

राधागुप्त सम्राट अशोक की धम्म नीतियों को जन-जन तक पहुंचाने में सबसे ज्यादा अग्रसर रहा था। यह राधागुप्त ही था जिसने तीसरी बौद्ध महासभा को बुलाने में महत्वपूर्ण भूमिका निभाई। वैसे इस तथ्य के विषय में कुछ इतिहासकारों में मतभेद हैं किंतु यह स्पष्टत: माना जाता है कि राधागुप्त की कूटनीति के कारण ही सम्राट अशोक का साम्राज्य का विस्तार हो गया। राधागुप्त ने सम्राट अशोक को 'महान अशोक' से 'महानायक' बनाने में महत्वपूर्ण भूमिका निभाई थी।

7

अशोक : जीवन परिचय

अशोक मौर्य सम्राट बिंदुसार का पुत्र था। लंका की परम्परा में बिंदुसार की सोलह पटरानियों और 101 पुत्रों का उल्लेख मिलता है लेकिन केवल तीन ही पुत्रों के नामों का उल्लेख हैं, जिसमें सुशीम, अशोक और तिष्य प्रमुख हैं। अशोक के कई (सौतेले) भाई-बहन थे जिनमें बचपन से ही प्रतिस्पर्धा रहती थी।

अशोक बचपन से सैन्य गतिविधियों में प्रवीण था। यही नहीं शिकार के शौकीन होने के कारण खेलते-खेलते इसमें निपुण भी हो गए थे। बाल्यावस्था से वे अपने पिता के साथ राजकाज के कार्यो मे हाथ बंटाने लगे थे। अपनी प्रजा का पूरा ध्यान रखते थे, इसी कारण उनकी प्रजा उन्हें पसंद करने लगी थी।

सम्राट अशोक अपने पूर्वजों की तरह ही जिज्ञासु भी था। उनकी राज्य सभा में विभिन्न धर्मों के अनुयायी शामिल होते थे जैसे—ब्राह्मण, दार्शनिक, आजीवक, बौद्ध तथा यूनानी दार्शनिक। दीपवंश के अनुसार, 'अशोक अपनी धार्मिक जिज्ञासा शान्त करने के लिए विभिन्न सिद्धांतों के व्याख्याताओं को राज्यसभा में बुलाता था। उन्हें उपहार देकर सम्मानित करते थे और साथ ही स्वयं भी विचारार्थ अनेक सवाल प्रस्तावित करता था।'

सम्राट अशोक के बौद्ध धर्म अपनाने के विषय में यह कथा कही जाती है कि एक दिन सम्राट अशोक ने राजभवन की खिड़की से श्रमण निग्रोध को भिक्षा के लिए जाते हुए देखा। वह उसके व्यक्तित्व से बहुत प्रभावित हुआ। निग्रोध अशोक के बड़े भाई सुमन का पुत्र था। निग्रोध के प्रवचन सुनने के उपरांत ही अशोक ने बौद्ध धर्म अपना लिया।

उत्तर भारत की अनुश्रुतियों के अनुसार उपगुप्त ने अशोक को बौद्ध धर्म में दीक्षित किया। बौद्ध धर्म के भिक्षुओं की शिक्षा तथा सम्पर्क से अशोक का रुझान बौद्ध धर्म की ओर बढ़ने लगा। इन्हीं अनुश्रुतियों से पता चलता है कि एक साधारण बौद्ध होने के बावजूद अशोक ने कलिंग पर आक्रमण किया। कलिंग युद्ध में हुए नरसंहार से अशोक को गहरा आघात लगा। परिणामस्वरूप उसने भविष्य में कभी युद्ध न करने का निर्णय लिया। उसने शांति के मार्ग को अपनाया अर्थात धर्म विजय की नीति को अपनाया। उन्होंने अपने साम्राज्य के सभी लोगों को लोकमंगल के कार्यों में शामिल कर लिया और देखते ही देखते उनके सारे कार्य लोकहित में होने लगे थे।

सम्राट अशोक ने 84 स्तूपों का निर्माण करवाया जिसमें केवल 3 वर्ष का समय लगा। अशोक स्तम्भ, अभिलेख और स्तूप के अवशेष आज भी विद्यमान हैं जो सम्राट अशोक के इतिहास के साक्षी हैं।

जवाहर लाल नेहरू ने अशोक के विषय में लिखा था कि 'अशोक के जमाने में हिन्दुस्तान एक महत्व का अंतर्राष्ट्रीय केन्द्र बन गया था खास तौर से बौद्धधर्म के तेजी से बढ़ते हुए प्रचार की वजह से।'

सम्राट अशोक को एक महान विजेता के रूप में सभी जानते हैं किंतु मेरा मानना है कि सम्राट अशोक अपने समय के महानायक थे जिन्होंने मनुष्य और मनुष्यता को बहुत उच्च स्तर तक पहुंचा दिया था।

8

राज्याभिषेक और साम्राज्य विस्तार

सम्राट अशोक ने राज्याभिषेक के नवें वर्ष तक मौर्य साम्राज्य की परम्परागत नीति का ही अनुसरण किया। साम्राज्य के विस्तार के लिए उन विभिन्न नीतियों का अनुसरण किया था, जिसके बारे में विद्वानों के अलग अलग मत-मतांतर हैं, किन्तु उसके शिलालेखों के अध्ययन से यह ज्ञात होता है कि उन्होंने अन्य देशों के साथ युद्ध और मैत्रीपूर्ण व्यवहार की नीति अपनाई थी।

प्रारंभ में सम्राट अशोक को भाइयों के साथ गृह-युद्ध में सत्ता प्राप्त हुई थी लेकिन आन्तरिक अशांति से निपटने के बाद ही अशोक का विधिवत अभिषेक हो पाया था। अशोक ने स्वयं ही कहा था कि जब तक आन्तरिक शांति स्थापित नहीं हो जाती तब तक राज्याभिषेक नहीं करूंगा।

अशोक ने सत्ता के अधिग्रहण के बाद दादा चंद्रगुप्त और पिता बिंदुसार की नीतियों को अपनाते हुए राज्य का तीव्र गति से विस्तार किया। अशोक ने केवल सात वर्षों में ही कलिंग, कश्मीर जैसे महत्वपूर्ण राज्यों पर विजय प्राप्त कर विशाल राज्य की स्थापना की। उन्होंने सभी छोटे-छोटे राज्यों को मिलाकर एक राष्ट्र स्वरूप का निर्माण किया। यही नहीं विस्तृत साम्राज्य के साथ-साथ बेहतर कुशल प्रशासन

तथा शांति के लिए विश्वभर में अपनी पहचान कायम कर ली थी। राज्य नामक संस्था का सही उपयोग करके उन्होंने यह साबित कर दिया कि जनकल्याण सर्वोपरि है। इसी का नतीजा था कि राज्य की संपूर्ण ताकत को जनकल्याण में लगा दिया और अपने कार्यकाल में अनेक शिलालेख खुदवाए, अनेक स्तूपों, स्तंभों का निर्माण करवाया जिनमें धर्मोपदेश का सन्देश दिया। जिसके आज भी देश-विदेशों में अवशेष दिखाई देते हैं।

इतिहासकार अशोक की तुलना विश्व इतिहास की कुछ विभूतियों एटोनियास, कांस्टेटाइन, सेंटपाल, अकबर और नेपोलियन सीजर के साथ करते हैं। कुछ विद्वानों ने यह तक माना है कि अशोक अहिंसा, शांति तथा लोक कल्याणकारी नीतियों के विश्वविख्यात तथा अतुलनीय सम्राट थे ।

एच.जी वेल्स के अनुसार, 'अशोक का चरित्र इतिहास के स्तंभों को भरने वाले राजाओं, सम्राटों, संत-महात्माओं आदि के बीच प्रकाशमान हं और आकाश में अच्छाई के लिए जगमगाते रहेंगे।'

भारतीय इतिहास में सम्राट अशोक सबसे महान शासकों में से एक हैं। साम्राज्य के विस्तार के अतिरिक्त धार्मिक सहिष्णुता तथा प्रशासन के क्षेत्र में भी उसका नाम अकबर जैसे महान शासकों के साथ लिया जाता है। विद्वानों ने तो अशोक को विश्व इतिहास का सबसे सफल शासक भी माना है। कलिंग युद्ध के दौरान हुए ह्रदय परिवर्तन के बाद भी उन्होंने एक बड़ी सेना को बनाए रखा क्योंकि वह अच्छी तरह जानते थे कि विदेशी आक्रमण से साम्राज्य की सुरक्षा हेतु सेना रखना बहुत ही आवश्यक है ।

अशोक का साम्राज्य विस्तृत था और साम्राज्य के अंतर्गत सभी देशों पर उनका सीधा शासन था। अशोक के पांचवें और तेरहवें शिलालेख में कुछ जनपदों तथा जातियों का उल्लेख किया गया है जैसे नाभक, काम्बोज, भोज, नाभापंक्ति, पितनिक, पुलिंद और आन्ध्र।

अशोक के साम्राज्य की सीमा की ठीक जानकारी उनके शिलालेखों

तथा स्तंभलेखों से प्राप्त होती है। शिलालेखों तथा स्तंभलेखों के विवरण से ही नहीं, वरन् जहां-जहां अभिलेख पाए गए हैं, उन स्थानों की स्थिति से भी सीमा निर्धारण करने में मदद मिलती है। इन अभिलेखों में जनता के लिए राजा की घोषणाएं थीं। इसलिए ये अभिलेख अशोक के विभिन्न प्रान्तों में आबादी के मुख्य केन्द्रों में उत्कीर्ण कराए गए। कुछ अभिलेख सीमांत स्थानों पर भी प्राप्त हुए हैं। उत्तर-पश्चिम में मानसेहरा और शहबाजगढ़ी में अशोक के शिलालेख पाए गए। इसके अतिरिक्त तक्षशिला में, काबुल प्रदेश में और लमगान में अशोक के लेख आरमेई लिपि में प्राप्त हुए हैं। एक शिलालेख के अन्तर्गत एण्टियोकस द्वितीय थियोस को पड़ोसी राजा कहा गया है जिससे यह ज्ञात होता है कि उत्तर-पश्चिम में अशोक के साम्राज्य का विस्तार हो चुका था।

कलिंग की जनता तथा कलिंग की सीमा पर रहने वाले लोगों के साथ कैसा व्यवहार किया जाए, इस संबंध में अशोक ने दो आदेश जारी किए। ये दोनों आदेश जौगड़ और धौली नामक स्थानों पर आज भी सुरक्षित हैं। ये आदेश समापा और तोसली के उच्च अधिकारियों तथा महामात्यों को सम्बोधित करते हुए लिखे गए हैं। सम्राट अशोक का आदेश है कि प्रजा के साथ पुत्रवत् व्यवहार हो, जनता को प्यार किया जाए, अकारण लोगों को कारावास का दंड तथा यातना न दी जाए। जनता के साथ न्याय किया जाना चाहिए।' सीमा पर रहने वाले लोगों को आश्वासन दिया गया कि उन्हें सम्राट से डरना नहीं चाहिए। उन्हें राजा के साथ व्यवहार करने से सुख ही मिलेगा, कष्ट नहीं। राजा यथाशक्ति उन्हें क्षमा करेगा, वे धम्म का पालन करें। यहां पर उन्हें सुख मिलेगा और मृत्यु के बाद स्वर्ग।

रुम्मिनदेई, कालसी तथा निगाली सागर शिलालेख तथा स्तंभलेखों से ज्ञात होता है कि नेपाल और देहरादून की तराई का क्षेत्र अशोक के राज्य में था। सारनाथ तथा नेपाल की वंशावलियों के प्रमाण तथा स्मारकों से भी यह ज्ञात होता है कि नेपाल अशोक के साम्राज्य का एक अंग था।

9

कलिंग युद्ध

सम्राट अशोक प्राचीन भारत में विजेता के रूप में जाने जाते हैं क्योंकि उन्होंने नेपाल को विजित किया और तक्षशिला तथा उज्जैन के विद्रोह को शान्त किया लेकिन कलिंग ने अशोक के साम्राज्य में सम्मिलित होने से मना कर दिया। सम्राट अशोक अपने साम्राज्य से जुड़ी मगध की सीमाओं से सटे हुए ऐसे शक्तिशाली राज्य की स्थिति के प्रति उदासीन नहीं रह सकता था। खारवेल के समय मगध को कलिंग की शक्ति का कटु अनुभव था। दीर्घकालीन राजनीतिक उद्देश्य से ही नहीं वरन सुरक्षा की दृष्टि से कलिंग पर विजय पाना बहुत ही आवश्यक था। इतिहासकारों ने कलिंग को जीतने के अन्य कारण भी बताए हैं जो निम्न हैं–

i. दक्षिण भारत के क्षेत्रों से सीधे सम्पर्क के लिए समुद्री और स्थल मार्ग पर मौर्यों का नियंत्रण आवश्यक था।

ii. कलिंग यदि स्वतंत्र रहता तो सम्राट अशोक को समुद्री और स्थल मार्ग से होने वाले व्यापार में रुकावट का सामना करना पड़ता। अत: कलिंग को मगध साम्राज्य में मिलाना आवश्यक था।

iii. यदि कलिंग राज्य को स्वतंत्र रहने दिया जाता तो अन्य राज्य भी इसी प्रक्रिया को अपनाते।

अशोक के शिलालेख के अनुसार, 'कलिंग युद्ध में मारे गए तथा कैद किए हुए सिपाहियों की संख्या ढाई लाख थी और इससे भी कहीं ज्यादा सिपाही युद्ध में घायल हुए थे।'

कलिंग युद्ध में बहुत बड़ी संख्या में नरसंहार हुआ था। तेरहवें शिलालेख अनुसार, 'कलिंग के युद्ध में एक लाख पचास हजार लोग बंदी बनाकर निर्वासित कर दिये गये तथा एक लाख लोगों की हत्या कर दी गयी। कलिंग युद्ध में हुए इस भारी नरसंहार और आम जनता के दु:खों से अशोक की अन्तरात्मा को झकझोर दिया और इतना गहरा प्रभाव पड़ा कि उसका हृदय परिवर्तन हो गया।

हृदय परिवर्तन का ही नतीजा था कि उन्होंने युद्ध की नीति को सदा के लिए त्याग दिया और 'दिग्विजय' के स्थान पर 'धम्म विजय' की नीति को अपनाया। उनका हृदय मानवता के प्रति दया और करुणा से उद्वेलित हो गया। और भविष्य में कभी युद्ध न करने की प्रतिज्ञा की। यहीं से अशोक के जीवन में नये युग की शुरुआत हुई। उसने बौद्ध धर्म को अपना लिया। डॉ. हेमचंद्र रायचौधरी के अनुसार, 'मगध का सम्राट बनने के बाद यह अशोक का प्रथम तथा अन्तिम युद्ध था।'

10

बौद्ध धर्म का प्रचार-प्रसार

सिंहली अनुश्रुतियों महावंश एवं दीपवंश के अनुसार, 'अशोक को अपने शासन के चौदहवें वर्ष में निग्रोथ नामक भिक्षु द्वारा बौद्ध धर्म की दीक्षा दी गई थी।' तदोपरांत मोगलीपुत्र तिस्स के प्रभाव से वह पूर्णत: बौद्ध हो गया था। दिव्यादान के अनुसार, 'अशोक को बौद्ध धर्म में दीक्षित करने का श्रेय उपगुप्त नामक बौद्ध भिक्षुक को जाता है।' सम्राट अशोक ने बौद्धगया की पहली यात्रा अपने शासनकाल के दसवें वर्ष में यात्रा की थी।

अशोक ने कलिंग युद्ध के पश्चात एक नवीन प्रकार के कर्मचारियों की नियुक्ति की जो धम्ममहापात्र कहलाए। मौर्य साम्राज्य की परम्परा में 'धम्ममहापात्र' एक नवीन प्रकार का कर्मचारी था। जनता को धम्म की बातें समझाना, उनमें धम्म के प्रति रुचि पैदा करना इन कर्मचारियों का मुख्य कार्य था। वे समाज के सभी वर्गों ब्राह्मण, वैश्य, क्षत्रिय, दास, वृद्ध तथा निर्धनों के सुख तथा कल्याण के लिए कार्य करते थे। वे सीमांत देशों तथा विदेशों में भी काम करते थे। उनकी पहुंच राज्य में सभी प्रकार के लोगों तक थी। वे धर्म के मामले में लोगों में सहमति बनाते थे। ब्राह्मण, श्रमण तथा राजघराने के लोगों

को दानशील कार्यों के लिए प्रोत्साहित करते, कारावास से कैदियों को मुक्त कराते या उनका दंड कम करवाते तथा लोगों की अन्याय से रक्षा करते। इन धम्ममहापात्रों की नियुक्ति से एक वर्ष पूर्व सम्राट अशोक ने अपने साम्राज्य के विभिन्न स्थानों पर धम्म की शिक्षाओं को शिलालेखों में उत्कीर्ण करवाना शुरू कर दिया था।

अशोक के शिलालेखों में धम्म प्रचार एवं धम्म विजय के संदर्भ में कुछ ऐसे विवरण भी मिलते हैं, जिनमें उनके विदेशों के साथ पारस्परिक संबंधों का आभास होता है। इन संबंधों का आधार कूटनीति एवं भौगोलिक सान्निध्य का हित था। अशोक ने जो सम्पर्क स्थापित किए वे अधिकांशत: दक्षिण एवं पश्चिम क्षेत्रों में थे जो धम्म मिशनों के माध्यम से स्थापित किए थे। आधुनिक सद्भावना मिशनों से इन मिशनों की तुलना की जा सकती है।

विदेशों में अशोक के ये मिशन स्थायी तौर पर एक आश्चर्यजनक तथ्य हैं। स्तंभ अभिलेख नं. 7, जो अशोक के काल की अंतिम घोषणा मानी जाती है, ताम्रपर्ण (श्रीलंका) के अतिरिक्त और किसी विदेशी शक्ति का उल्लेख नहीं करती। अशोक को जितनी सफलता साम्राज्य के भीतर मिली उतनी ही विदेशों में भी प्राप्त हुई।

कलिंग युद्ध अशोक के जीवन का एक निर्णायक मोड़ साबित हुआ और उनका मन युद्ध में हुए नरसंहार से ग्लानि से भर गया। उन्होंने बौद्ध धर्म अपना लिया तथा उसके प्रचार के लिए कार्य किया। उन्होंने प्रियदर्शी, देवानांप्रिय जैसी उपाधि धारण की। अशोक के शिलालेख तथा शिलोत्कीर्ण उपदेश भारतीय उपमहाद्वीप में जगह-जगह पाए गए हैं। उन्होंने विदेशों में भी धम्म का प्रचार करने के लिए अपने प्रचारक भेजे। जिन-जिन देशों में प्रचारक भेजे गए उनमें सीरिया तथा मकदूनिया का एंटीगोनस गोनातस, पश्चिम एशिया का एंटियोकस थियोस, मिस्र का टोलेमी फिलाडेलस, साईरीन का मेगास तथा एपाईरस का एलैक्जैंडर शामिल थे। अशोक ने अपने पुत्र महेंद्र को राजधानी पाटलिपुत्र

से श्रीलंका जलमार्ग से रवाना किया। उसी के नाम पर पाटलिपुत्र का ऐतिहासिक महेन्द्रू घाट बनाया गया है।

अशोक ने बौद्ध धर्म फैलाने के लिए अपने साम्राज्य और यूनानी राजाओं तक भूमध्य सागर तक धम्म महापत्रों को भेजा। स्तंभों पर यूनान से उत्तरी अमेरिका तक के बहुत से समकालीन यूनानी शासकों के नाम उद्धृत हैं जिससे यह पता चलता है कि वे भारत से हजारों मील दूर की राजनैतिक परिस्थितियों पर नजर रखे हुए थे।

अपनी धम्म जीत को ही अशोक सबसे उत्तम जीत मानते हैं। छह सौ योजन दूर भी, जहां यूनानी नरेश अम्तियोको (अन्तियोकस) का राज है और उससे आगे जहां चार तुरामाये (टॉलमी), अम्तिकिनी (अन्तिगोनस), माका (मागस) और अलिकसुदारो (एलैक्जैंडर) नामक राजा शासन करते हैं और उसी तरह दक्षिण में चोल, पांड और ताम्रपर्णी (श्रीलंका) तक उनकी धम्म विजय को देखा जा सकता है।।

सम्राट अशोक ने अपने शिलालेखों में कई समुदायों का जिक्र भी किया जो उनके राज्य की सीमाओं के अन्दर रहते थे। उनके राज्य में यूनानी, कम्बोज, भोज, पितिनिक नाभक, आंध्र और पुलिंद, सभी लोग अशोक के धर्मनिर्देशों का पालन कर रहे थे। ऐसा उनके सतम्भ लेखों से पता चलता है।

11

अशोक धम्म

अशोक धम्म के विषय में इतिहासकारों में भी काफी मतभेद है। कोई उनको बौद्ध धर्म का अनुयायी मानता है तो किसी ने उन्हें एक नये धर्म का प्रवर्तक कहा है जबकि अशोक के दूसरे तथा सातवें स्तंभ-लेखों में अशोक ने धम्म की व्याख्या इस प्रकार की है- 'धम्म है साधुता, बहुत से कल्याणकारी कार्य करना, पापरहित होना, मृदुता, दूसरों के प्रति व्यवहार में मधुरता, दया-दान तथा शुचिता।' आगे कहा गया है कि 'प्राणियों का वध न करना, जीवहिंसा न करना, माता-पिता तथा बड़ों की आज्ञा मानना, मित्र, परिचितों, संबंधियों, गुरुजनों के प्रति आदर, ब्राह्मण तथा श्रवणों के प्रति दानशीलता तथा उचित व्यवहार और दास तथा भृत्यों के प्रति उचित व्यवहार।'

अशोक बौद्ध धर्म का अनुयायी था। सभी बौद्ध ग्रंथ अशोक को बौद्ध धर्म का अनुयायी बताते हैं। अशोक के बौद्ध होने के सबल प्रमाण उसके अभिलेख हैं। अशोक ने राज्याभिषेक से सम्बद्ध लघु शिलालेख में अपने को 'बुद्धशाक्य' कहा है। साथ ही यह भी बताया है कि वह ढाई वर्ष तक एक साधारण उपासक रहा। लघु शिलालेख भाब्रु में अशोक त्रिरत्नबुद्ध, धम्म और संघ में विश्वास करने के लिए कहता है और

भिक्षु तथा भिक्षुणियों से कुछ बौद्ध ग्रंथों का अध्ययन तथा श्रवण करने के लिए कहा है।

एक उपासक के रूप में अशोक अपने शासन काल के 10वें वर्ष बौद्ध गया और लुम्बनी से ही विहार-यात्रा का स्थान धर्म यात्राओं ने ले लिया था। एक वर्ष तक अशोक संघ में ही रहे या संघ के भिक्षुओं के निकट सम्पर्क में बना रहा। परिणामस्वरूप वह धर्म के प्रति अत्यधिक उत्साहशील हो गया। उन्होंने जनता में प्रचार के लिए धर्म-संबंधी उपदेश शिलाओं एवं स्तंभों पर उत्कीर्ण करवाए। इन्हीं शिलालेखों से ही अशोक के धम्म का पता चलता है। लघु शिलालेख भी अशोक के धम्म के विषय में महत्त्वपूर्ण जानकारी देते हैं न कि बौद्ध धर्म के विषय में। उपरोक्त तथ्यों के आधार पर हम कह सकते हैं कि अशोक का धर्म बौद्ध धर्म तो है किंतु शासन संचालन हेतु उन्होंने नवीन धम्म नीति का विकास किया। जिसे अशोक धम्म के नाम से जाना जाता है।

सम्राट अशोक ने तृतीय बौद्ध संगीति (सभा) बुलाई और मोगली पुत्र तिस्स की सहायता से संघ में एकता और अनुशासन एकता लाने का सफल प्रयास किया। यह बात अलग है कि वह एकता थेरवाद बौद्ध सम्प्रदाय तक ही सीमित थी। उस समय थेरवाद सम्प्रदाय भी अनेक उपसम्प्रदायों में बंट चुका था। वैसे तो अशोक के सारनाथ तथा सांची के लघु स्तंभ लेख में संघभेद के विरुद्ध यह आदेश जारी किया गया है- 'जो भिक्षु या भिक्षुणी संघ में फूट डालने का प्रयास करे। उन्हें संघ से बहिष्कृत किया जाए।' यह इस बात का प्रमाण है कि अशोक ने बौद्ध धर्म का संरक्षक होने के नाते संघ में एकता बनाए रखने के लिए राजसत्ता का उपयोग पूरी ताकत के साथ किया था ।

इतिहास की दृष्टि में भी सम्राट अशोक निरन्तर मानव उन्नति के लिए प्रयास करता दिखाई देता है। उसने धर्म के पुराने मूल्यों को नकारकर धम्म को और अधिक मानवीय रूप प्रदान किया। जिन सिद्धांतों के पालन से नैतिक उत्थान सम्भव था, उन्हें ही अशोक के लेखों में 'धम्म' कहा गया है।

अशोक के व्यक्तिगत धर्म और अभिलेखों में दिए हुए धम्म में बहुत ज्यादा अंतर दिखाई देता है यही कारण है कि कुछ विद्वान इन्हें नए धर्म 'धम्म' का जनक भी मानते हैं। अशोक त्रिरत्न में विश्वास भी करता था किन्तु जिस धम्म उपदेशों का उन्होंने लोगों में प्रचार किया वह सर्वसाधारण धम्म था जो मानव धम्म कहलाया। विदेशों में अपने तेरहवें शिलालेख में यूनानी शासकों और देश में साम्राज्य के बाहर दक्षिण के पड़ोसी राज्यों में धम्म विजय का दावा किया है। तेरहवें शिलालेख के अनुसार, 'इन सभी देशों में लोग धर्म की शिक्षा सुनते हैं और धम्म के अनुकूल आचरण करते हैं।'

एक अन्य ब्रह्मगिरि शिलालेख में शिष्य द्वारा गुरु का आदर भी धम्म के अंतर्गत माना गया है।

दूसरे तथा सातवें स्तंभ-लेखों में अशोक ने धम्म को इस प्रकार परिभाषित किया है, 'धम्म है साधुता, बहुत से कल्याणकारी अच्छे कार्य करना, पापरहित होना, मृदुता, दूसरों के प्रति व्यवहार में मधुरता, दया-दान तथा शुचिता।' 'प्राणियों का वध न करना, जीवहिंसा न करना, माता-पिता तथा बड़ों की आज्ञा मानना, गुरुजनों के प्रति आदर, मित्र, परिचितों, सम्बन्धियों, ब्राह्मण तथा श्रवणों के प्रति दानशीलता तथा उचित व्यवहार और दास तथा भृत्यों के प्रति उचित व्यवहार।'

अशोक ने तीसरे शिलालेख में अल्प व्यय तथा अल्प संग्रह को भी धम्म माना है।

अशोक ने न केवल धम्म की व्याख्या की, वरन् धम्म की प्रगति में बाधक पाप की भी व्याख्या की है-चंडता, निष्ठुरता, क्रोध, मान और ईर्ष्या पाप के लक्षण हैं। प्रत्येक व्यक्ति को इनसे बचना चाहिए।'

अशोक ने नित्य आत्म-परीक्षण पर बल दिया है। मनुष्य हमेशा अपने द्वारा किए गए अच्छे कार्यों को ही देखता है, वह यह कभी नहीं देखता कि उसने क्या पाप किया है।

व्यक्ति को देखना चाहिए कि क्रोध निष्ठुरता, ईर्ष्या व्यक्ति को पाप की ओर न ले जाएं और उसे भ्रष्ट न करें।

उपर्युक्त कथनों के अनुसार अब इस संबंध में कोई संदेह नहीं रह जाता कि अशोक का धम्म एक सर्वसाधारण धर्म है, जिसकी मूलभूत मान्यताएं सभी सम्प्रदायों में मान्य हैं और जो देश काल की सीमाओं में नहीं बंधा है। अशोक का धम्म किसी भी सम्प्रदाय एवं धर्म का विरोध नहीं करता। अपने तेरहवें शिलालेख में अशोक ने लिखा है कि ब्राह्मण, श्रमण और गृहस्थ सर्वत्र रहते हैं और धर्म के इन आचरणों का पालन करते हैं। अशोक के साम्राज्य में विभिन्न धर्मों एवं सम्प्रदायों को मानने वाले लोग थे और हो सकता है कि उनमें थोड़ा बहुत विरोध तथा प्रतिद्वन्द्विता का भाव भी रहा हो। सभी सम्प्रदायों में सांमजस्य स्थापित करने के लिए अशोक ने सदाचार के नियमों पर जोर दिया। अशोक ने बारहवें शिलालेख में धर्म की सार-वृद्धि पर जोर दिया है, सम्राट अशोक ने कहा एक धर्मसम्प्रदाय वाले दूसरे धर्मसम्प्रदाय के सिद्धांतों के विषय में जानकारी प्राप्त करें, इससे धर्मसार की वृद्धि होगी।

अशोक के शिलालेखों द्वारा धम्म को बड़ी सरलता से समझा जा सकता है। 'सारी प्रजा मेरी संतान है, जिस प्रकार मैं अपनी संतान ऐहिक और कल्याण की कामना करता हूं उसी प्रकार, अपनी प्रजा के ऐहिक और पारलौकिक कल्याण और सुख के लिए भी। जैसे एक मां एक शिशु को एक कुशल धाय को सौंपकर निश्चिंत हो जाती है कि कुशल धाय संतान का पालन-पोषण करने में समर्थ है, उसी प्रकार मैंने भी अपनी प्रजा के सुख और कल्याण के लिए राजुकों की नियुक्ति की है।'

12

अशोक की शांतिप्रियता

आज भी विभिन्न विद्वानों में सम्राट अशोक द्वारा अपनायी गयी अहिंसा तथा शांतिप्रियता की नीतियों के संदर्भ में विभिन्न मत हैं। कुछ विद्वानों का कहना है कि अशोक शांति का पथ इसलिए अपना रहे थे क्योंकि अब युद्ध की नीति से सारे साम्राज्य को संभाल पाना संभव नहीं था, दूसरे मत के लोग उसके हृदय परिवर्तन को मुख्य मानते हैं।

हेमचंद्र रायचौधरी के अनुसार, 'अशोक की शांतिप्रियता तथा अहिंसा की नीति साम्राज्य के पतन का कारण बनी। कलिंग युद्ध के बाद साम्राज्य की सेना का सामरिक उत्साह ठंडा पड़ गया। अशोक ने युद्ध विजय की नीति को त्यागकर धम्म विजय की नीति अपना ली। इससे भी साम्राज्य की शक्ति क्षीण हुई।'

नीलकंठ शास्त्री हेमचन्द्र रायचौधरी के मत से असहमत हैं। उनके अनुसार, 'अशोक की शांतिप्रियता में कट्टरता नहीं थी। वह मानवीय स्वभाव की जटिलता से अच्छी तरह परिचित था और इसीलिए उसने शांतिप्रियता और युद्धत्याग की नीति को सीमा के अन्दर ही नियंत्रित रखा।' इसका कोई प्रमाण नहीं है कि अशोक ने सेना भंग कर दी।' सम्राट अशोक ने तेरहवें शिलालेख में आटविक जातियों को जो चेतावनी दी है, उससे यह ज्ञात होता है कि क्षमाशील होते हुए भी वह अवसर पड़ने पर इन आटविक जातियों को उचित दंड देने से हिचकता नहीं था।

यह आटविक राज्यों को एक शक्तिशाली राजा की चेतावनी है, जिसे अपनी सैन्यशक्ति पर विश्वास है। अशोक की नीति व्यावहारिक थी। यही कारण था कि उन्होंने कलिंग को स्वतंत्र नहीं किया। उनकी अहिंसा की नीति भी व्यावहारिक थी।

धम्म प्रचार के लिए सम्राट अशोक ने बड़ी लगन और उत्साह से काम किया तथा अहिंसा के प्रचार के लिए कई कदम उठाए। उन्होंने युद्ध बंद कर दिए और स्वयं को तथा राजकर्मचारियों को मानव-मात्र के नैतिक उत्थान में लगाया। इसके अतिरिक्त जीवों का वध रोकने के लिए पहले शिलालेख में विक्षप्ति जारी की कि किसी यज्ञ के लिए पशुओं का वध न किया जाए। 'इह' शब्द से यह अनुमान लगाया जाता है कि यह निषेध या तो राजभवन या फिर पाटलिपुत्र के लिए ही था, समस्त साम्राज्य के लिए नहीं। उस समय पशुवध को एकदम रोकना सम्भव नहीं था। प्रथम शिलालेख में लिखा है- 'राजकीय रसोई में पहले जहां सैकड़ों हजारों पशु भोजन के लिए मारे जाते थे, वहां अब केवल तीन प्राणी दो मोर और एक मृग मारे जाते थे, और भविष्य में वे भी नहीं मारे जाएंगे। साथ ही अशोक ने यह भी घोषणा की कि ऐसे सामाजिक उत्सव नहीं होने चाहिए, जिनमें अनियंत्रित आमोद-प्रमोद हो, जैसे–सुरापान, मांस भक्षण, मल्लयुद्ध, जानवरों की लड़ाई आदि।' इनके स्थान सम्राट अशोक ने धम्मसभाओं की व्यवस्था की जिनमें हाथी, विमान, अग्निस्कंध इत्यादि स्वर्ग की झांकियां दिखाई जाती थीं जिससे जनता में धम्म के प्रति अनुराग पैदा किया जा सके। राजाओं का मुख्य मनोरंजन पशुओं का शिकार विहार यात्राएं थीं जो अशोक ने बंद कर दीं।

इनकी जगह अशोक ने धम्म यात्राएं प्रारम्भ कीं। इन यात्राओं के अवसर पर वह वृद्धों को सुवर्ण दान तथा ब्राह्मणों और श्रवणों को दान देते थे।

अशोक के व्यक्तिगत उपदेश से जनता में धर्म के प्रचार-प्रसार में सहायता मिली। अशोक ने अनेक बौद्ध स्थानों की यात्रा की, जैसे निगलीसागर, बौद्ध गया, लुम्बिनी आदि। अशोक को इन धर्म यात्राओं से देश के विभिन्न स्थानों के लोगों के सम्पर्क में आने का और शासन तथा धर्म के विषय में लोगों के विचार जानने का

अवसर मिला। साथ ही इन यात्राओं से एक प्रकार से स्थानीय शासकों पर नियंत्रण रहता था। अशोक ने राज्य के कर्मचारियों प्रादेशिक, राजुक तथा युक्तकों को प्रत्येक पांच वर्ष पर धर्म प्रचार के लिए भेजा। अशोक के शिलालेखों के आधार पर यह निष्कर्ष निकाला जा सकता है कि अशोक की शांति का उद्देश्य एक न होकर बहुत से थे जो इस प्रकार हैं–

- प्रशासन हेतु लोगों के विचार जानना,
- धम्म का प्रचार करना,
- साम्राज्य को स्थायित्व प्रदान करना,
- अन्य राज्यों पर नियंत्रण करना।

अशोक के स्तंभों तथा शिलाओं पर उत्कीर्ण लेखों के आधार पर यह निष्कर्ष निकलता है कि अशोक का धम्म व्यावहारिक फलमूलक अर्थात फल को दृष्टि में रखने वाला और अत्यधिक मानवीय था। धम्म के प्रचार से अशोक अपने साम्राज्य के लोगों में तथा बाहर अच्छे जीवन के आदर्श को चरितार्थ करना चाहते थे। इसीलिए सम्राट अशोक ने कुछ बातों को जोड़कर बौद्ध धर्म में सुधार किया लेकिन लोगों को धर्म परिवर्तन के लिए विवश नहीं किया। अपने शासनकाल में सम्राट अशोक ने निरन्तर यह प्रयास किया कि जनता के सभी धर्मों, वर्गों और सम्प्रदायों के बीच सहमति का आधार ढूंढा जाए और सामान्य आधार के अनुसार नीति अपनाई जाए।

अशोक ने सातवें शिलालेख में कहा- 'सभी सम्प्रदाय सभी स्थानों में रह सकते हैं, क्योंकि सभी आत्मसंयम और भावशुद्धि चाहते हैं।' बारहवें शिलालेख में घोषणा की कि 'अशोक सभी सम्प्रदायों के गृहस्थ और श्रवणों का दान आदि के द्वारा सम्मान करता है किन्तु महाराज दान और मान को इतना महत्त्व नहीं देते जितना इस बात को देते हैं कि सभी सम्प्रदाय के लोगों में सारवृद्धि हो। सारवृद्धि के लिए मूलमंत्र है, वाकसंयम (वचो गुत्ति)।' सम्राट अशोक ने अपने शिलालेखों में लोगों को अपने सम्प्रदाय की प्रशंसा तथा दूसरे सम्प्रदायों की निंदा नहीं करने वाली बात अंकित करवाई। इसीलिए अशोक ने लोगों में सहमति बढ़ाने के लिए धम्म महापात्र तथा अन्य कर्मचारियों की नियुक्तियां बड़े पैमाने पर की।

13

बौद्ध धर्म : मत-अभिमत

बौद्ध धर्म में सम्राट अशोक की रुचि थी, ये तथ्य तो हमारे सामने आ चुका है किन्तु बहुत से विद्वानों में उनकी रुचि के विषय में भी बहुत मतभेद पाए जाते हैं-

पहला मत :- रोमिला थापर के अनुसार, 'कुछ राजनीतिक उद्देश्यों से ही अशोक ने एक नए धर्म की कल्पना की तथा इसका प्रसार किया। चंद्रगुप्त मौर्य के समय शासन के केन्द्रीकरण की नीति सफलतापूर्वक पूरी हो चुकी थी। कुशल अधिकारतंत्र, अच्छी संचार व्यवस्था और शक्तिशाली शासक के द्वारा उस समय साम्राज्य का जितना केन्द्रीयकरण सम्भव था, वह हो चुका था, किंतु केंद्र का आधिपत्य बनाए रखना दो ही तरह से सम्भव था, एक तो सैनिक शक्ति द्वारा कठोर शासन तथा राजा में देवत्व का आरोपण करके और दूसरे सभी वर्गों से संकलित सारग्राही धर्म को अपनाकर। यह दूसरा तरीका ही अधिक युक्ति संगत था क्योंकि ऐसा करने से किसी एक वर्ग का प्रभाव कम किया जा सकता था फलत: केन्द्र का प्रभाव बढ़ता।

अशोक के धम्म के विषय में विवेचना करते हुए रोमिला थापर कहती हैं, 'अशोक की नीति सार रूप में वही थी जो अकबर ने अपनाई थी। यद्यपि उसका रूप भिन्न था। सिंहासनारूढ़ होने के समय अशोक बौद्ध

नहीं था। बाद में ही उनकी बौद्ध धर्म में रुचि बढ़ी क्योंकि उत्तराधिकार युद्ध के समय उन्हें सम्भवत: कट्टर समुदायों का समर्थन नहीं मिला। अत: बौद्ध धर्म को स्पष्ट रूप में समर्थन देकर उन वर्गों का समर्थन प्राप्त किया जो कट्टर नहीं थे।'

इसी विषय में रोमिला थापर ने बताया कि 'बौद्ध और आजीवकों को नवोदित वैश्य वर्ग का समर्थन प्राप्त था तथा जनसाधारण का इन सम्प्रदायों से तीव्र विरोध नहीं था। इस प्रकार अशोक ने धर्म को अपनाने में व्यावहारिक लाभ देखा। इस नए धर्म या धम्म की कल्पना का दूसरा कारण था छोटी-छोटी राजनीतिक इकाइयों में बंटे साम्राज्य के विभिन्न वर्गों, जातियों और संस्कृतियों को एक सूत्र में बांधना।'

इनके साथ-साथ विभिन्न प्रदेशों में सत्ता को दृढ़ करने के लिए यह उपयोग में लाया जा सकता था। महत्त्वपूर्ण यह है कि एक शासक जिसके पास निरंकुश कानूनी विधान, विशाल सेना एवं अपरिमित संसाधन हों वह अपने शिलालेखों में स्वयं को नैतिक मूल्यों के विस्तारक के रूप में प्रस्तुत क्यों करता है?

रोमिला थापर का यहां तक मानना था कि वस्तुत: योग्य व कुशल शासकों की नियुक्तियां सदैव साम्राज्य की रक्षा के लिए निर्मित की जाती हैं। बौद्ध धर्म की शिक्षा के केंद्र मगध में जनमानस में शोषण के विरुद्ध व्यापक चेतना थी।

दूसरा मत :-अशोक के अभिलेखों से ऐसा सिद्ध नहीं होता कि उन्होंने किसी राजनीतिक उद्देश्य से धम्म का प्रचार किया। तेरहवें शिलालेख और लघु शिलालेख से यह ज्ञात होता है कि अशोक के धर्म परिवर्तन का कलिंग युद्ध से निकट संबंध है। रोमिला थापर के अनुसार, 'धम्म कल्पना अशोक की निजी कल्पना थी, किन्तु अशोक के शिलालेखों में धम्म की जो बातें दी गई हैं उनसे यह स्पष्ट होता है कि वे पूर्ण रूप से बौद्ध ग्रंथों से ली गई हैं। ये बौद्ध ग्रंथ हैं—दीघनिकाय के चक्कवत्ती सीहनाद सुत्त, लक्खण सुत्त, राहुलोवाद सुत्त तथा धम्मपद। इन ग्रंथों में वर्णित

धर्मराज के आदर्श से प्रेरित होकर ही अशोक ने धम्म विजय आदर्श को अपनाया।'

चक्कवत्ती सीहनाद सुत्त तथा लक्खण सुत्त में धम्मयुक्त चक्रवर्ती सम्राट के संदर्भ में कहा गया है कि 'वह भौतिक तथा आध्यात्मिक कल्याण के लिए प्रयत्नशील रहता है। ऐसा राजा विजय से नहीं अपितु धम्म से विजयी होता है। वह तलवार के बजाय धम्म से विजय प्राप्त करता है। वह लोगों को अहिंसा का उपदेश देता है।' अशोक ने धम्म की जो परिभाषा दी है वह 'राहुलोवादसुत्त' से ली गई है। इस सुत्त को 'गेहविजय' भी कहा गया है अर्थात 'गृहस्थों के लिए अनुशासन ग्रंथ'। उपासक के लिए परम उद्देश्य स्वर्ग प्राप्त करना था न कि निर्वाण। चक्कवत्ती (चक्रवर्ती) धम्मराज के आदर्श को अपनाते हुए अशोक ने जनसाधारण के नैतिक उत्थान के लिए अपने धम्म का प्रचार किया ताकि वे एहिक सुख और इस जन्म के बाद स्वर्ग प्राप्त कर सके। इसमें दो राय नहीं है कि अशोक सच्चे हृदय से अपनी प्रजा का नैतिक पुनरुद्धार करना चाहते थे और इसके लिए वह निरन्तर प्रयत्नशील रहा। वह निस्संदेह एक आदर्श को चरितार्थ करना चाहते थे। यही अशोक की मौलिकता है।

14

शासन व्यवस्था

अ-प्रान्तीय व्यवस्था

शासन संचालन को सुचारू रूप से चलाने के लिए सम्राट अशोक ने पांच प्रान्तों में विभाजित कर दिया था जिन्हें चक्र कहा जाता था। सम्राट अशोक के प्रतिनिधि इन प्रान्तों का संचालन किया करते थे। अशोक के शिलालेखों में पांच प्रान्तों का उल्लेख मिलता है-

(i) प्राशी (प्राची) राजधानी- पाटलीपुत्र

(ii) दक्षिणपथ- राजधानी -सुवर्णगिरि

(iii) अवन्तिराष्ट- राजधानी- उज्जयिनी,

(iv) उत्तरापथ- राजधानी- तक्षशिला,

(v) कलिंगप्रान्त- राजधानी- तोसली,

मगध अथवा प्राशी तथा समस्त उत्तरी भारत का शासन पाटलिपुत्र से सम्राट स्वयं करता था। मौर्य साम्राज्य का एक प्रान्त सौराष्ट्र भी था। इतिहासकारों का मानना है कि 'सौराष्ट्र की स्थिति अर्धस्वतंत्र प्राप्त की थी अशोक के समय तुषास्फ की स्थिति अर्ध स्वशासन प्राप्त सामंत की थी। तथापि उसके कार्यकलाप सम्राट के ही अधिकार क्षेत्र के अंतर्गत आते थे।'

विभिन्न अधिकारियों द्वारा प्रान्तों का शासन होता था। ये अधिकारी राजवंश के होते थे। अशोक के अभिलेखों में इन्हें 'कुमार या आर्यपुत्र'

कहा गया है। केन्द्रीय शासन की ही भांति प्रान्तीय शासन में मंत्रिपरिषद् होती थी। रोमिला थापर के मतानुसार- 'प्रान्तीय मंत्रिपरिषद् केन्द्रीय मंत्रिपरिषद् की अपेक्षा अधिक स्वतंत्र थी। दिव्यावदान में कुछ उद्धरणों से उन्होंने यह निष्कर्ष निकाला है कि प्रान्तीय मंत्रिपरिषद् का सम्राट से सीधा सम्पर्क था।' समय-समय पर सम्राट अशोक महापात्रों को केन्द्र से प्रान्तों की राजधानियों में निरीक्षण करने के लिए भेजते थे। साम्राज्य के अंतर्गत कुछ अर्धस्वशासित प्रदेश थे। यहां स्थानीय राजाओं को मान्यता दी जाती थी किन्तु प्रांतपालों द्वारा उनकी गतिविधि पर पूरा नियंत्रण रहता था।

कुमार राज्य के प्रांतपाल होते थे जो स्थानीय प्रांतों के शासक भी होते थे। कुमार की मदद के लिए हर प्रांत में एक महामात्य तथा मंत्रपरिषद होती थी। प्रांत जिलों में बंटे होते थे। प्रत्येक जिला गांव के समूहों में बंटा होता था। प्रशासन का प्रधान प्रादेशिक जिला होता था। जमीन को मापने का काम रज्जुक करता था। गांव प्रशासन की सबसे छोटी इकाई थी जिसका प्रधान ग्रामिक कहलाता था।

ब- नगर व्यवस्था

मेगस्थनीज के अनुसार-'सोन, पाटलिपुत्र और गंगा के संगम पर पाटलिपुत्र बसा हुआ था। इसकी लम्बाई 9-1/2 मील और चौड़ाई 1-1/2 मील थी। नगर के चारों ओर लकड़ी की दीवार बनी हुई थी जिसके बीच-बीच में तीर चलाने के लिए छेद बने हुए थे। इसके अतिरिक्त दीवार के चारों ओर एक खाई थी जो 60 फुट गहरी और 600 फुट चौड़ी थी। नगर में आने-जाने के लिए 64 द्वार थे। दीवारों पर 570 बुर्ज थे। पटना में गत वर्षों में जो खुदाई हुई उससे काष्ठ निर्मित दीवार के अवशेष प्राप्त हुए हैं। 1920 में की गयी बुलंदीबाग की खुदाई में प्राचीर का एक अंश उपलब्ध हुआ है, जिसकी लम्बाई 150 फुट है। लकड़ी के खम्बों की दो पंक्तियां पाई गई हैं जिनके बीच 14-1/2 फुट का अंतर है। इस अंतर को लकड़ी के स्लीपरों से ढका गया है। खम्भों के ऊपर शहतीर जुड़े हुए हैं। खम्भों की ऊंचाई जमीन की सतह से 12-1/2 फुट है और जिन्हें 5 फुट गहरा जमीन के अन्दर गाड़ा गया

था। यूनानी लेखकों के अनुसार – 'नदी-तट पर स्थित नगरों में प्राय: काष्ठशिल्प का प्रयोग किया जाता था। यही स्थिति पाटलिपुत्र की भी थी।' सभा-मंडप में शिला-स्तंभों का प्रयोग एक नई प्रथा थी।'

एक नगर परिषद् द्वारा सम्राट अशोक ने पाटलिपुत्र नगर के शासन को संचालित किया था। इस नगर परिषद् में 30 सदस्य थे। ये सदस्य पांच-पांच सदस्यों वाली छ: समितियों में बंटे होते थे। प्रत्येक समिति का निश्चित काम होता था जो इस प्रकार है:-

प्रथम समिति :- प्रथम समिति उद्योगों का निरीक्षण करती थी। यह समिति औद्योगिक तथा कलात्मक उत्पादन के सभी मामलों की देखरेख करती थी। वेतन निर्धारित करना तथा मिलावट रोकना इसका प्रमुख कार्य था।

द्वितीय समिति :- पाटलिपुत्र में बाहर से आने वाले लोगों की, खासकर विदेशियों के मामले की देखरेख दूसरी समिति करती थी। विदेशियों के आवास का उचित प्रबन्ध करना तथा बीमार पड़ने पर उनकी चिकित्सा का उचित प्रबन्ध करना इस समिति का कर्त्तव्य था। उसकी सुरक्षा का भार भी इसी समिति पर था। विदेशियों की मृत्यु होने पर उनकी अंत्येष्टि क्रियाओं तथा उनकी सम्पत्ति उचित उत्तराधिकारियों के सुपुर्द करने का कार्य भी यही समिति करती थी। इसके माध्यम से यह समिति विदेशियों की गतिविधियों पर नजर भी रखती थी।

तृतीय समिति :- जन्म तथा मृत्यु के पंजीकरण करना तीसरी समिति का कार्य था। यह समिति जन्म-मरण का हिसाब रखती थी। इसका सकारात्मक पक्ष यह था कि यह समिति जन्म-मरण का ब्यौरा केवल करों का अनुमान लगाने के लिए ही नहीं बल्कि इसलिए भी रखती थी कि सरकार को पता रहे कि मृत्यु क्यों और किस प्रकार हुई। राज्य की दृष्टि से यह जानकारी आवश्यक थी।

चतुर्थ समिति :- व्यापार तथा वाणिज्य का विनिमयन चौथी समिति किया करती थी। इसका मुख्य कार्य निर्मित माल की बिक्री तथा पण्य पर नजर रखना था। यह समिति व्यापार और वाणिज्य की देखरेख करती थी। माप-तौल की जांच, वस्तु विक्रय की व्यवस्था करना और यह देखना कि प्रत्येक व्यापारी एक से अधिक वस्तु का विक्रय न करे। यदि कोई व्यापारी एक से अधिक वस्तु का विक्रय करता तो उसे अतिरिक्त शुल्क देना पड़ता था।

पंचम समिति :- माल के विनिर्माण पर नजर पांचवीं समिति रखती थी। यह समिति निर्मित वस्तुओं के विक्रय का निरीक्षण करती थी और इस बात का ध्यान रखती थी कि नई और पुरानी वस्तु को मिलाकर तो नहीं बेचा जा रहा। नियम का उल्लंघन करने वाले को दंडित किया जाता था। नई-पुरानी वस्तुओं को मिलाकर बेचना कानून के विरुद्ध था।

छठी समिति :- छठी समिति का कार्य कर वसूलना था। इस उपसमिति का कार्य बिक्रीकर वसूल करना था। विक्रय मूल्य का दसवां भाग कर के रूप में वसूल किया जाता था। जो व्यापारी इस कर को नहीं देता था उसे मृत्युदंड दिया जाता था।

नगर परिषद द्वारा जनकल्याण के कार्य करने के लिए विभिन्न प्रकार के अधिकारी भी नियुक्त किये जाते थे, जैसे - बाजारों, सड़कों, चिकित्सालयों, शिक्षा-संस्थाओं, देवालयों, जलापूर्ति, बंदरगाहों की मरम्मत तथा रखरखाव का काम करना। नगर के प्रमुख अधिकारी को नागरिक कहा जाता था।

अशोक कालीन पाटलिपुत्र के महल में देशी विदेशी कारीगरी में हिन्दुस्तानी कला परंपरा की झलक भी हमें देखने को मिलती है। डॉ. स्पूनर ने अपनी सरकारी रिपोर्ट पेश करते हुए कहा था कि 'यह ऐसी सुरक्षित हालत में पाई गई है कि विश्वास नहीं होता। इसमें लगी हुई शहतीरें वैसे ही चिकनी हैं और ठीक हालत में हैं, जैसे वे उस दिन रही होंगी, जब वे लगाई गई थीं, यानी दो हजार साल से ज्यादा साल पहले।'

इसी रिपोर्ट के बारे में वे आगे लिखते हैं कि 'पुरानी लकड़ी की ऐसी रक्षा-उनके किनारे इतने सही और पक्के थे कि उनकी जड़ों की लकीरों तक का पता नहीं चलता था। देखकर लगता है कि बनावट इतनी पक्की थी, जितनी कि इस तरह के कामों में हो सकती है।'

नगर व्यवस्था भारतीय प्राचीन इतिहास में अपने उच्चतम स्तर पर पहुंच चुकी थी। वैसे तो मौर्यकालीन नगर व्यवस्था सम्राट अशोक को विरासत में प्राप्त हुई थी किंतु उन्होंने इसे और अधिक व्यवस्थित किया और जनकल्याण की भावना को भी अपनी नगर व्यवस्था में शामिल किया।

15

सेना एवं गुप्तचर व्यवस्था

सम्राट अशोक ने अपने साम्राज्य को संचालित करने के लिए सेना एवं गुप्तचर व्यवस्था को अपने पूर्वजों से भी अधिक मजबूत स्थिति में लाकर खड़ा कर दिया था।

सैन्य व्यवस्था चार समितियों में विभक्त सैन्य विभाग द्वारा निर्दिष्ट थी। प्रत्येक समिति में सैन्य विशेषज्ञ होते थे।

(i) पैदल सेना (ii) अश्व सेना
(iii) रथ सेना (iv) गज सेना।

सैनिक प्रबन्ध का सर्वोच्च अधिकारी अन्तपाल कहा जाता था जो सीमान्त क्षेत्रों का भी व्यवस्थापक होता था।

भारतीय इतिहास में अशोक एक चक्रवर्ती सम्राट था जिसने अपनी योग्य सेना के दम पर बहुत ही तेजी से राज्य का विस्तार किया था।

सम्राट अशोक के समय तक गुप्तचर व्यवस्था बहुत अधिक मजबूत हो चुकी थी। पूरे राज्य में अशोक ने गुप्तचरों का जाल बिछा रखा था जिनका कार्य राज्य पर किसी बाहरी आक्रमण या आंतरिक विद्रोह की खबर प्रशासन तथा सेना तक पहुंचाना था। इन गुप्तचरों ने तक्षशिला उज्जैन मगध और कलिंग की विजय पर महत्त्वपूर्ण योगदान दिया था।

मौर्य वंश के शासनकाल में ही भारत में सर्वप्रथम राष्ट्रीय राजनीतिक एकता स्थापित हुई थी लेकिन सम्राट अशोक ने प्रशासन में सत्ता के

सुदृढ़ केन्द्रीयकरण को और अधिक मजबूत किया। इतिहासकारों का यहां तक मानना है कि उन्होंने कल्याणकारी राज्य की स्थापना के लिए तो काम किया किंतु अपने साम्राज्य की सुरक्षा हेतु बड़े पैमाने पर सैन्य एवं गुप्तचर व्यवस्था को युद्ध नीति के त्यागने के बाद भी सुचारू रूप से बनाये रखा थी।

सम्राट अशोक गुप्तचरों द्वारा वह देशी व विदेशी लोगों की गतिविधियों की पूरी जानकारी रखते थे जो कि सुरक्षा के लिए काफी महत्त्वपूर्ण जिम्मेदारी थी। प्रदेष्ट्रि अथवा प्रादेशिकों, स्थानिकों और गोप की सहायता से वह चोरी, डकैती करने वाले अपराधियों को दंडित करते थे।

अशोक के प्रबंधन में गूढ़ पुरुषों (गुप्तचरों) का महत्त्वपूर्ण स्थान इसलिए भी था क्योंकि वह अच्छी तरह से जानते थे कि इतने विशाल साम्राज्य के सुशासन के लिए यह आवश्यक था इनके द्वारा अशोक अपने अमात्यों, मंत्रियों, राजकर्मचारियों और पौरजनपदों पर दृष्टि रखते थे। उनकी प्रत्येक गतिविधि और मनोभावनाओं का ज्ञान समय-समय पर प्राप्त किया करते थे और इन्हीं गुप्तचरों द्वारा पड़ोसी राज्यों के विषय में भी सारी जानकारी प्राप्त होती थी। अशोक के शासन में दो प्रकार के गुप्तचरों का उल्लेख मिलता है–

(i)-संचारः- संचार ऐसे गुप्तचर थे जो एक स्थान से दूसरे स्थान पर घूमते रहते थे। ये अनेक वेशों में एक स्थान से दूसरे स्थान पर जाकर सूचना एकत्रित कर राजाओं तक पहुंचाते थे।

(ii)-संस्थाः- संस्था वे गुप्तचर थे जो एक ही स्थान पर संस्थाओं में संगठित होकर कापटिकक्षात्र, गृहपतिक, उदास्थित, वैदेहक (व्यापारी) तापस (सिर मुंडाय या जटाधारी साधु) के वेश में काम करते थे। ये राजकर्मचारियों के शौक या भ्रष्टाचार का पता लगाते थे।

सम्राट अशोक के शासनकाल में संचार व्यवस्था के संचालन के लिए सड़कें थीं, सामरिक महत्त्व की जगहों पर सेना की टुकड़ियां तैनात रहा करती थीं। अधिकारियों की नियुक्ति, देश की आंतरिक सुरक्षा और सेना पर नियंत्रण, शान्ति, युद्ध संचालन इत्यादि सभी राजा के अधीन था।

16

नीति-निर्धारण व्यवस्था

बड़े साम्राज्य के शासन को संचालित करने के लिए यह जरूरी था कि राजा उत्साही, स्फूर्तिवान और प्रजा हित के कार्यों के लिए सदा तत्पर हो। अशोक में ये गुण प्रचुर मात्रा में विद्यमान थे। अशोक ने अपने छठे शिलालेख में यह विज्ञप्ति जारी की थी कि- 'वह प्रजा के कार्य के लिए प्रतिक्षण और प्रत्येक स्थान पर मिल सकता है और प्रजा की भलाई के लिए कार्य करने में उसे बड़ा संतोष मिलता है।'

सम्राट अशोक के शासनकाल में राजतन्त्र की शक्ति में अत्यधिक वृद्धि हुई। परम्परागत राजशास्त्र सिद्धांत के अनुसार राजा धर्म का रक्षक है, धर्म का प्रतिपादक नहीं। राजशासन की वैधता इस बात पर निर्भर थी कि वह धर्म के अनुकूल हो किन्तु कौटिल्य के इस नए प्रतिमान को अशोक ने ग्रहण किया- 'व्यवहार, राजशासन धर्म और चरित्र (लोकाचार) से ऊपर था।' इस तरह राजाज्ञा को प्रमुखता दी गई। इस बढ़ती हुई प्रभुसत्ता के कारण ही मौर्य सम्राट अशोक के समय राजतंत्र ने पैतृक निरंकुशता का रूप धारण किया। अशोक अपनी प्रजा को समानता की दृष्टि से देखता था। उनके ऐहिक और पारलौकिक सुख के लिए स्वयं को उत्तरदायी समझता था और प्रजा को उचित कार्य करने का उपदेश देता था।

राज्य का नीति निर्धारण कार्य राजा ही करता था और अपने अधिकारियों को राजाज्ञाओं द्वारा समय-समय पर निर्देश दिया करता था। अशोक के शिला तथा स्तंभ लेखों से यह ज्ञात होता है कि प्रजा के नाम राजाज्ञाएं जारी होती थीं।

नीति निर्धारण के समय अशोक पर्यटक राजुकों, महामात्रों, प्रादेशिकों, पुरुषों तथा अन्य अधिकारियों की सहायता लेते थे।

शासन संचालन हेतु मंत्रिमंडल के अतिरिक्त एक और मंत्रिपरिषद भी होती थी। अशोक के शिलालेखों में 'परिषद' का उल्लेख है। राजा बहुमत के निर्णय के अनुसार राज कार्य किया करता था। ऐसा माना जाता है कि अशोक को परामर्श देने का कार्य मंत्री तथा मंत्रिपरिषद किया करते थे। मंत्रिपरिषद अशोक की निरंकुशता पर नियंत्रण रखती थी, किन्तु मंत्रियों का प्रभाव बहुत कुछ उनकी योग्यता तथा कर्मठता पर निर्भर करता था। अशोक के छठे शिलालेख से अनुमान लगता है कि परिषद् राज्य की नीतियों अथवा राजाज्ञाओं पर विचार-विमर्श करती थी और जरूरत होने पर उनमें संशोधन का सुझाव भी देती थी। यह राजा के हित में था कि वह मंत्री या परिषद के सदस्यों के परामर्श से लाभ उठाए किन्तु किसी नीति या कार्य के विषय में अन्तिम निर्णय सम्राट अशोक के ही हाथ में होता था।

राजस्व (प्रभुता) सहायता के लिए सम्राट अशोक ने अपने सचिवों की नियुक्ति की तथा उनसे समय-समय पर मंत्रणा करता रहता था। सम्राट अशोक राज्य के सर्वोच्च अधिकारी मंत्री होते थे। इनकी संख्या तीन या चार हुआ करती थी। इनका चयन अमात्य वर्ग से किया जाता था। 'अमात्य' शासन तंत्र के उच्च अधिकारियों का ऐसा वर्ग जिसे राजा द्वारा उनके चरित्र की भली-भांति जांच के बाद चुना जाता था। राजा द्वारा इन अधिकारियों की चयन प्रक्रिया को 'उपधा परीक्षण' कहा जाता है। ये मंत्री एक प्रकार से अंतरंग मंत्रिमंडल के सदस्य थे। राज्य के सभी कार्यों पर इस अंतरंग मंत्रिमंडल में विचार-विमर्श होता था और उनके निर्णय के पश्चात ही कार्यारम्भ होता था।

अशोक के शासन में शासन कार्य का भार मुख्यतः एक विशाल वर्ग पर था, जो साम्राज्य के विभिन्न भागों से शासन का संचालन करते थे।

'अर्थशास्त्र' में भी सबसे ऊंचे स्तर के कर्मचारियों को 'तीर्थ' कहा गया है। ऐसे अठारह तीर्थों का उल्लेख है, इनमें से कुछ महत्त्वपूर्ण पदाधिकारी थे- तीर्थ, मंत्री, पुरोहित, सेनापति, युवराज, समाहर्ता, सन्निधाता तथा मंत्रिपरिषदाध्यक्ष।

अशोक के शिलालेखों में तीर्थ शब्द एक-दो स्थानों पर प्रयुक्त हुआ है। अधिकतर स्थलों पर 'महामात्र' या 'महामात्य' का प्रयोग देखने को मिला है। सबसे महत्त्वपूर्ण तीर्थ या महामात्र मंत्री और पुरोहित थे। राज्य के सभी अधिकरणों पर मंत्री और पुरोहित का नियंत्रण रहता था। सेनापति सेना का प्रधान होता था।

डॉ. रोमिला थापर का विवेचन मुख्य रूप से मौर्ययुगीन प्रशासनिक व्यवस्था की विशेषताओं पर आधारित है। सर्वप्रथम उन्होंने शासन में केन्द्रीयकरण की प्रधानता का उल्लेख किया है। डॉ. रोमिला थापर के अनुसार- 'ऐसे शासन के लिए यह अत्यन्त आवश्यक था कि शासक काफी योग्य हो। केन्द्र के शिथिल शासन का कमजोर पड़ना स्वाभाविक था। अशोक की मृत्यु के बाद, विशेषकर जब साम्राज्य का विभाजन हो गया तो केन्द्र का नियंत्रण शिथिल हो गया और प्रान्त साम्राज्य से पृथक होने लगे।'

सम्राट अशोक के शिलालेखों का अध्ययन करने के पश्चात सार्थक रूप से कहा जा सकता है कि नीति निर्धारण में बहुत हद तक दूसरों की सलाह मशविरा भी वह अवश्य लेते थे।

17

व्यापार व्यवस्था

सम्राट अशोक ने अपनी शासन व्यवस्था में धम्म नीतियों और कल्याणकारी राज्य की स्थापना हेतु बहुत से कार्य किये जिसमें व्यापार व्यवस्था भी एक महत्वपूर्ण निर्णायक साबित हुई। बड़े साम्राज्य को स्थायित्व प्रदान करने के लिए एक तरफ जहां देश-विदेश से व्यापार सम्बन्ध स्थापित किये वहीं दूसरी तरफ व्यापारी और शिल्पकरों के लिए नवीन नीतियों का निर्माण किया।

सम्राट अशोक द्वारा बड़े साम्राज्य की स्थापना हेतु मजबूत व्यापार व्यवस्था का एक परिणाम यह हुआ कि पूरे साम्राज्य में आर्थिक एकीकरण हुआ। किसानों को स्थानीय रूप से कोई कर नहीं देना पड़ता था, हालांकि इसके बदले वाजिब मात्रा में कर केन्द्रीय अधिकारियों को देना पड़ता था।

सम्राट अशोक के काल में ही सर्वप्रथम राज्य की आय के प्रमुख साधन के रूप में करों के महत्त्व को समझा गया। विकसित अर्थव्यवस्था और राज्य के कार्यक्षेत्र के विस्तार के साथ करों में वृद्धि होना स्वाभाविक ही माना गया।

हस्तिनापुर तथा शिशुपाल गढ़ की खुदाइयों से जो मौर्यकालीन अवशेष मिले हैं, उनसे एक विकसित अर्थव्यवस्था तथा भौतिक समृद्धि

का ही परिचय मिलता है। जिसके कारण हम मौर्य काल को सर्वप्रथम भारत का स्वर्णिम युग कहते हैं।

सम्राट अशोक का समय आर्थिक रूप से मौर्य काल का एक उज्ज्वल पक्ष है। व्यापार की प्रगति के लिए प्रारम्भिक आधार प्रदान करने में वैसे तो चन्द्रगुप्त और बिंदुसार की महत्वपूर्ण भूमिका थी, जिन्होंने आन्तरिक यातायात के साधनों एवं मार्गों को काफी विकसित किया था। पाटलिपुत्र को तक्षशिला से जोड़ने वाला मार्ग मौर्यों की ही देन था। स्थल मार्ग पाटलिपुत्र से जुड़ा था, जो बर्मा एवं श्रीलंका के जहाजों के लिए प्रमुख बंदरगाह था। दक्षिण भारत के स्थल मार्गों का विकास भी अशोक के काल में हुआ। ये मार्ग नदी घाटियों के साथ-साथ तटीय प्रदेश में या पर्वतीय दर्रों में विकसित किए गए। सम्राट अशोक ने इन सभी व्यापार मार्गों का प्रयोग सिर्फ व्यापार हेतु नहीं किया बल्कि धम्म प्रचार एवं लोककल्याण की नीतियों को भी लागू करने के लिए किया।

सम्राट अशोक ने अपने साम्राज्य के विभिन्न व्यापारिक मार्गों को और अधिक विकसित कर लिया था, जिनमें से कुछ मध्य एशिया एवं पश्चिम एशिया के मार्ग और तक्षशिला काबुल से जुड़ गया था। जहां से विभिन्न दिशाओं को मार्ग जाते थे। उत्तरवर्ती मार्ग बैक्ट्रिया से होकर कैस्पियन सागर होता हुआ कृष्ण सागर को जाता था। एक मार्ग कंधार से होकर ईरान तक जाता था। यहां से व्यापारी स्थल मार्ग से पूर्वी भूमध्य सागर तक व्यापार करते थे।

अशोक ने अपने समय में मध्य एशिया से घनिष्ठ संबंध स्थापित कर लिए थे, जिसके कारण मध्य एशिया से यह व्यापारिक मार्ग चीन को रोमन साम्राज्य के पश्चिमी प्रान्तों से जोड़ता था। जिसे 'सिल्क मार्ग' कहा जाता है। चीन से होने वाला रेशम का समस्त व्यापार अधिकतर इसी मार्ग से होता था। इस व्यापार मार्ग के कारण ही चीनी रेशम व्यापार में भारतीय व्यापारियों ने मध्यस्थ के रूप में भाग लेना प्रारम्भ किया। इन प्रदेशों से होकर जाने वाले व्यापार में अधिकतर

उत्तर पश्चिम के व्यापारियों की संख्या में वृद्धि हुई और सम्राट अशोक को अधिक आय भी प्राप्त होने लगी। इसी मार्ग के परिणामस्वरूप पश्चिमी एवं दक्षिणी भारत के व्यापारी दक्षिण अरब, लाल सागर तथा ऐलेक्जेन्ड्रिया के क्षेत्रों से जुड़ गए थे।

सम्राट अशोक ने अपने राज्य के उत्पादन में वृद्धि के लिए विभिन्न श्रेणियों के अपने कारीगरों के अतिरिक्त बाहर से भी कारीगर बुलाने का निरन्तर प्रयास किय था ताकि उत्पादन में अधिक वृद्धि हो सके।

सम्राट अशोक के कल्याणकारी राज्य की स्थापना में व्यापारी एवं शिल्पकारों की श्रेणियों का बहुत महत्त्वपूर्ण योगदान रहा था। ये व्यापारी वर्ग अशोक के शासन तक अपने आप को इतना विकसित कर चुके थे कि अपने सिक्के तक प्रचलित करने लगे थे, जो सामान्यत: शासकों का कार्य था।

सम्राट अशोक के शासन में उत्तर भारत में कम से कम एक दर्जन ऐसे नगर थे जो लगभग स्वशासी संगठनों की तरह काम करने में लगे थे। भारतीय यूनानी सम्पर्क से पहले के पांच सिक्कों में निगम शब्द का स्पष्ट उल्लेख मिलता है जो तक्षशिला में उत्खनन से प्राप्त हुए हैं। गंधिकों, जिसका वास्तविक अर्थ व्यापारी है, जिनके सिक्के कौशाम्बी के आसपास के क्षेत्र में भी पाए गए हैं। महिष्मति, त्रिपुरा, एरण, विदिशा, माध्यमिका, वाराणसी आदि नगरों के नामों का उल्लेख भी उनकी ताम्र मुद्राओं में हुआ है।

सम्राट अशोक व्यापारी वर्ग को समाज में प्रतिष्ठा का स्थान एवं सुरक्षा प्रदान करते थे। प्रत्येक श्रेणी का अपना तमगा, पताका एवं मुहर होती थी। अपने विज्ञापन का सर्वोत्तम ढंग था धार्मिक आधार पर उदारतापूर्वक धन दान देना। अत्तार, जुलाहे, स्वर्णकार आदि सभी की श्रेणियों के द्वारा बौद्ध भिक्षुओं को गुफाओं स्तंभों आदि के दान का उल्लेख प्राप्त होता है।

18

राजस्व व्यवस्था

सम्राट अशोक के काल में राजस्व अधिकारी की महत्वपूर्ण भूमिका होती थी। समाहर्ता नाम के अधिकारी को राजस्व एकत्र करना, आय व्यय का ब्यौरा रखना तथा वार्षिक बजट तैयार करना जैसे कार्य करने पड़ते थे। देहाती क्षेत्र की शासन व्यवस्था भी उसी के अधीन होती थी। सम्राट अशोक ने शासन की दृष्टि से देश को छोटी-छोटी इकाइयों में विभक्त किया था और अधिकारियों की सहायता से शासन कार्य चलाता था। सम्राट अशोक इन्हीं अधिकारियों की सहायता से जनगणना, गांवों की कृषि योग्य भूमि, लोगों के व्यवसाय, आय व्यय तथा प्रत्येक परिवार से मिलने वाले कर की मात्रा की जानकारी रखता था। यह जानकारी वार्षिक आय व्यय का बजट तैयार करने के लिए बहुत महत्त्वपूर्ण होती थी। इस प्रकार समाहर्ता एक प्रकार से आधुनिक वित्त मंत्री और गृहमंत्री के कर्तव्यों को पूरा करता था।

सन्निधातृ नाम का अधिकारी कोषाध्यक्ष का कार्य करता था। वह साम्राज्य के विभिन्न प्रदेशों में कोषगृह और कोष्ठागार बनवाना और नकद तथा अन्न के रूप में प्राप्त होने वाले राजस्व की रक्षा करने जैसा काम करता था।

सम्राट अशोक ने अपने साम्राज्य के विभिन्न विभागों के अध्यक्षों की नियुक्तियां की थीं जो मंत्रियों के निरीक्षण में काम करते थे। कोषाध्यक्ष,

सीताध्यक्ष, पण्याध्यक्ष, मुद्राध्यक्ष, पौतवाध्यक्ष, बन्धनागाराध्यक्ष आदि। इन अध्यक्षों के कार्य-विस्तार के अध्ययन से ज्ञात होता है कि सम्राट अशोक अपने साम्राज्य के सामाजिक एवं आर्थिक जीवन और कार्य-विधि पर पूरा नियंत्रण रखते थे।

इस विषय में मेगस्थनीज ने लिखा था कि- 'केन्द्रीय महामात्य (महामात्र) तथा अध्यक्षों के अधीन अनेक निम्न स्तर के कर्मचारी होते थे जिन्हें 'युक्त' और 'उपयुक्त' की संज्ञा दी गई है। अशोक के शिलालेखों में युक्त का उल्लेख है। इन कर्मचारियों के माध्यम से केन्द्र और स्थानीय शासन के बीच सम्पर्क बना रहता था।'

सम्राट अशोक को विस्तृत साम्राज्य के संचालन के लिए वास्तव में इस युग में पहली बार राजस्व प्रणाली की रूपरेखा तैयार की गई थी।

राज्य की आय के प्रमुख स्रोतों में अनेक व्यवसाय ऐसे थे, जिन पर राज्य का पूर्ण आधिपत्य था और जिसका संचालन राज्य के द्वारा किया जाता था। इनमें खान, जंगल, नमक और अस्त्र-शस्त्र के व्यवसाय प्रमुख थे। राजा का यह दायित्व था कि वह कुशल कर्मकारों का प्रबन्ध कर खानों का पता लगाए, खानों से खनिज पदार्थ निकालकर उन्हें कर्मान्तों या कारखानों में भिजवाए और जब वस्तुएं तैयार हो जाएं तो उनकी बिक्री का प्रबन्ध करे।

जंगल राज्य की सम्पत्ति थे। जंगल के पदार्थों को कारखानों में भेजकर उनसे विविध प्रकार की पण्य वस्तुएं तैयार कराई जाती थीं। राज्य को कोष्ठागारों में संचित अन्न से, खानों और जंगलों से प्राप्त द्रव्य से और कर्मान्तों में बनी हुई पण्य वस्तुओं के विक्रय से भी काफी आय होती थी। इसके अतिरिक्त मुद्रा-पद्धति से भी आय होती थी। मुद्रा संचालन का अधिकार राज्य को था। लक्षणाध्यक्ष सिक्के जारी करता था और जब लोग सिक्के बनवाते तो उन्हें राज्य का लगभग 13.50 प्रतिशत ब्याज रुपिका और परीक्षण के रूप में देना पड़ता था। विविध प्रकार के दंडों से तथा सम्पत्ति की जब्ती से भी राज्य की

आमदनी होती थी। कौटिल्य के अर्थशास्त्र में अनेक ऐसी परिस्थितियों का निरूपण किया गया है, जिनसे राज्य सम्पत्ति जब्त कर लेता था। पतंजलि के अनुसार मौर्य काल में धन के लिए देवताओं की प्रतिमाएं बनाकर बेची जाती थीं।

सम्राट अशोक के साम्राज्य में सैनिकों पर अत्यधिक खर्च किया जाता था, यह स्वीकार नहीं किया जा सकता क्योंकि इस शासन-व्यवस्था में कल्याणकारी राज्य की बहुत-सी विशेषताएं थीं। अशोक ने कल्याणकारी राज्य की स्थापना हेतु जैसे राजमार्गों के निर्माण, सिंचाई का प्रबन्ध, पेय जल की व्यवस्था, सड़कों के किनारे छायादार वृक्षों का लगाना, मनुष्य और पशुओं के लिए चिकित्सालय, मृत सैनिकों तथा राज कर्मचारियों के परिवारों के भरण-पोषण और अनाथों का भरण-पोषण का विशेष प्रबंध किया था। इन सब कार्यों पर भी राज्य का व्यय होता था। अशोक के समय इन परोपकारी कार्यों की संख्या में अत्यधिक वृद्धि देखी गई जो इतिहास में उन्हें महानायक का स्वरूप प्रदान करती है।

19

न्याय व्यवस्था

सम्राट अशोक के शासन काल में न्याय व्यवस्था काफी मजबूत हो चुकी थी जिसमें लोक कल्याण की भावना निहित थी।

सम्राट न्याय प्रशासन का सर्वोच्च अधिकारी होता था किन्तु सम्राट अशोक के साम्राज्य में न्याय के लिए अनेक न्यायालय बनाये थे। सबसे नीचे ग्राम स्तर तक भी न्यायालय थे। जहां ग्रामणी तथा ग्रामवृद्ध सभी मामलों में अपना निर्णय देते और अपराधियों से जुर्माना वसूल करते थे। ग्राम न्यायालय से ऊपर संग्रहण, द्रोणमुख, स्थानीय और जनपद स्तर के न्यायालय भी बनाये गये थे। इन सबसे ऊपर पाटलिपुत्र का केन्द्रीय न्यायालय था। यूनानी लेखकों ने ऐसे न्यायधीशों की चर्चा की है जो भारत में रहने वाले विदेशियों के मामलों पर विचार करते थे।

ग्रामसंघ और राजा के न्यायालय के अतिरिक्त अन्य सभी न्यायालय दो प्रकार के होते थे:-

(i) **धर्मस्थीय** :- धर्मस्थीय न्यायालयों का न्याय-निर्णय, धर्मशास्त्र में निपुण तीन धर्मस्थ या व्यावहारिक तथा तीन अमात्य करते थे। इन्हें एक प्रकार से दीवानी अदालतें कह सकते हैं। कुछ विद्वानों के अनुसार धर्मस्थ न्यायालय वे न्यायालय थे, जो व्यक्तियों के पारस्परिक विवाद के संबंध में निर्णय देते थे।

अवश्य ही धर्मस्थीय अदालतों में अधिकांश वाद-विषय स्त्रीधन, विवाह, तलाक, घर, खेत, दाय, सेतुबंध, जलाशय-संबंधी, ऋण-संबंधी विवाद, भृत्य, कर्मकर और स्वामी के बीच विवाद, क्रय-विक्रय संबंधी झगड़े से सम्बन्धित विवादों को हल करते थे। 'साहस' नामक संस्था के सामने चोरी, डाके और लूट के मामले पेश किए जाते थे। 'वाक पारूण्य' नामक संस्था कुवचन बोलना, मानहानि और मारपीट के मामले पर अपना ध्यान देती थी।

(ii) **कंटकशोधनः**- कंटकशोधन न्यायालय के न्यायधीश तीन प्रदेष्ट्रि तथा तीन अमात्य होते थे जो राज्य तथा व्यक्ति के बीच विवाद को हल करते थे। इन अदालतों को हम एक तरह से फौजदारी अदालत भी कह सकते हैं।

समाज विरोधी तत्वों को उचित दंड देने का कार्य मुख्यतः कंटकशोधन न्यायालयों का था। नीलकंठ शास्त्री के अनुसार- 'कंटकशोधन न्यायालय एक नए प्रकार की आवश्यकताओं को पूरा करने के लिए बनाए गए थे ताकि एक अत्यन्त संगठित शासन तंत्र के विविध विषयों से सम्बद्ध निर्णयों को कार्यान्वित किया जा सके। वे एक प्रकार के विशेष न्यायालय थे जहां अभियोगों पर तुरन्त विचार किया जाता था।'

सम्राट अशोक ने उपरोक्त अदालतों के अलावा धम्म महापात्रों की राज्य में नवीन नियुक्तियां की थीं। अपने राज्य और इन अर्धस्वशासित राज्यों में धम्म महामात्रों द्वारा धर्म प्रचार का मुख्य उद्देश्य उनके उद्दंड क्रिया-कलापों को नियंत्रित करना था। इन प्रान्तों को विभिन्न जिलों में बांटा गया था जिन्हें 'आहार' या 'विषय' के नामों से पुकारा जाता था, जो सम्भवतः विषयपति के अधीन था।

जिले का शासक स्थानिक होता था और स्थानिक के अधीन गोप पूरे 10 गांवों के ऊपर शासन करता था। स्थानिक समाहर्ता के अधीन और समाहर्ता के अधीन एक और अधिकारी शासन कार्य चलाता था जिसे 'प्रदेशिको' कहा गया है जो स्थानिक गोप और ग्राम अधिकारियों के कार्यों की जांच करता था।

20

धार्मिक व्यवस्था

मौर्यों के उदय से पूर्व ही भारत में धार्मिक सम्प्रदायों का प्रचलन हो गया था। विभिन्न धर्म अशोक के काल में भी पाये जाते थे। छठी सदी ईसापूर्व में लगभग 62 सम्प्रदायों के अस्तित्व का पता चला है जिसमें बौद्ध तथा जैन सम्प्रदाय का उदय कालान्तर में अन्य की अपेक्षा अधिक हुआ। मौर्यों के आते-आते बौद्ध तथा जैन सम्प्रदायों का विकास हो चुका था। उधर दक्षिण में शैव तथा वैष्णव सम्प्रदाय भी विकसित हो रहे थे।

चंद्रगुप्त मौर्य ने जैन धर्म अपना लिया और अपना राजसिंहासन त्यागकर अपने गुरु जैनमुनि भद्रबाहु के साथ कर्नाटक के श्रवणबेलगोला में संन्यासी के रूप में रहने लगा था। इसके बाद के शिलालेखों के माध्यम से पता चलता है कि चंद्रगुप्त ने उसी स्थान पर एक सच्चे निष्ठावान जैन की तरह आमरण उपवास करके दम तोड़ा था। वहां पास में ही चन्द्रगिरि नाम की पहाड़ी है जिसका नामकरण शायद चंद्रगुप्त के नाम पर ही किया गया था।

सम्राट अशोक ने कलिंग युद्ध के बाद बौद्ध धर्म को अपना लिया था और धम्म के प्रचार में अपना ध्यान लगाया। यहां अशोक के धम्म का मतलब कोई धर्म, मजहब या रिलीजन न होकर 'नैतिक सिद्धांत' से

लगाया जाता है। अशोक के नैतिक सिद्धांत उस समय बाहर के किसी धर्म का विरोध करना नहीं होकर मनुष्य को एक नैतिक नियम प्रदान करना था। शिलालेख में लिखा है- 'धम्म क्या है? अल्प दुष्कर्म तथा अधिक सत्कर्म। रोष, निर्दयता, क्रोध, घमंड तथा ईर्ष्या जैसी बुराईयों से बचना तथा दया, उदारता, सच्चाई, संयम, सरलता, हृदय की पवित्रता नैतिकता में आसक्ति और आंतरिक तथा बाह्य पवित्रता आदि सदाचारों का पालन।'

बौद्ध धर्म को अपनाने के बाद उन्होंने इसको जीवन में उतारने की भी कोशिश की। बौद्ध धर्म को राज्य का धर्म घोषित कर दिया। उन्होंने शिकार करना और पशुओं की हत्या करना छोड़ दिया तथा मनुष्यों तथा जानवरों के लिए चिकित्सालयों की स्थापना कराई। ब्राह्मणों तथा विभिन्न धार्मिक पंथों के संन्यासियों को उदारतापूर्वक दान दिया। इसके अलावा आरामगृह, एवं धर्मशाला, कुएं तथा बावड़ियों का भी निर्माण कार्य कराया।

सम्राट अशोक ने धर्ममहामात्र अधिकारियों की नियुक्ति की जिनका काम आम जनता में धम्म का प्रचार करना था। विदेशों में भी अपने प्रचारक दल भेजे। पड़ोसी देशों के अलावा मिस्र, सीरिया, मकदूनिया (यूनान) साइरीन तथा एपाइरस में भी उसने धर्म प्रचारकों को भेजा। हालांकि अशोक ने खुद बौद्ध धर्म अपना लिया था पर अन्य सम्प्रदायों के प्रति भी आदर का भाव रखा तथा उनके विरुद्ध किसी कार्यवाही का उल्लेख नहीं मिलता है।

21

राज्यों से संबंध

सम्राट अशोक को वैसे तो विस्तृत मौर्य साम्राज्य विरासत में मिला था किंतु अपने कलिंग युद्ध के पश्चात युद्ध नीति को न अपनाकर धम्म नीति को प्रमुखता दी जिसकी वजह से अन्य देश-विदेश के अत्यधिक राज्यों से उसका सम्पर्क बना रहा।

अशोक का साम्राज्य विस्तृत था किंतु साम्राज्य के अंतर्गत सभी देशों पर उसका सीधा शासन था। अशोक के पांचवें और तेरहवें शिलालेख में कुछ जनपदों तथा जातियों का उल्लेख किया गया है जैसे यवन, काम्बोज, नाभाक, नाभापंक्ति, भोज, पेत्तनिक, और आन्ध्र। पुलिंद रेप्सन का विचार है- 'ये देश तथा जातियां अशोक द्वारा जीते गए राज्य के अंतर्गत न होकर प्रभावक्षेत्र में थे।'

किन्तु यह सही प्रतीत नहीं होता है। इन प्रदेशों में अशोक के धर्म महामात्रों के नियुक्त किए जाने का उल्लेख है। डा. रायचौधरी के अनुसार- 'इन लोगों के साथ विजितों तथा अंतरविजितों (अर्थात् स्वतंत्र सीमावर्ती राज्यों) के बीच का व्यवहार किया जाता था। गांधार, यवन, काम्बोज, उत्तर-पश्चिमी सीमांत प्रदेश थे। भोज, राष्ट्रिक, पेत्तनिक सम्भवतः अपरान्त पश्चिमी सीमा में थे।'

राज्यों के सम्बन्ध के विषय में 13वें शिलालेख में अशोक ने अटवी

जातियों का उल्लेख किया है, सम्भवतः यह अटवी प्रदेश बुंदेलखण्ड से लेकर उड़ीसा तक फैला हुआ था। ये अटवी जातियां यद्यपि पराजित हुई थीं, किंतु अशोक ने भी पूर्व की तरह उनकी आंतरिक स्वतंत्रता को मान्यता दे दी थी।

रुद्रदामन के जूनागढ़ अभिलेख में अशोक के गवर्नर के रूप में योनराज तुफास्क का नाम मिलता है, जो स्पष्टतः एक ईरानी नाम है।

पश्चिम के ही कुछ अन्य नरेशों के नाम अशोक के शिलालेख नं. 13 में मिलते हैं-

(i) 'तुरमाय' अर्थात 'तुलमाय'–मिस्र का यवन नरेश टाल्मी द्वितीय फिलाडेल्फस।

(ii) 'अंतिकितनी' अर्थात 'अंतेकिन'–मेसिडोनिया का यवन नरेश ऐण्टीगोनस गोनातास।

(iii) 'मका' अर्थात् 'मगा'–उत्तरी अफ्रीका में सेरीन का यवन नरेश मगा।

(iv) 'अलिकसुन्दर'– ऐपीरस का यवन नरेश एलेक्जेंडर अथवा कोरिन्स का यवन नरेश एलेक्जेंडर।

उपरोक्त विवरण के आधार पर हम इस निष्कर्ष पर पहुंचते हैं कि अशोक ने न सिर्फ अपने साम्राज्य से जुड़े राज्यों तक सम्पर्क बल्कि धम्म प्रचार के माध्यम से विभिन्न देशों से भी अच्छे संबंध स्थापित किये। जिस कारण सम्राट अशोक इस पृथ्वी पर अपनी एक अलग पहचान बनाने में सफल हो सके।

22

भारतीय यूनानी संपर्क

सम्राट अशोक के शासन काल में विदेशी शासकों, राजदूतों, शिल्पकारों और व्यापारियों के संपर्क ने उसकी शासन व्यवस्था को विकसित करने में महत्वपूर्ण भूमिका निभाई थी किंतु यूनानी सम्पर्क का कुछ ज्यादा ही प्रभाव पड़ा।

वैसे मौर्य काल में यूनानी और भारतीय लोगों के संपर्क ने एक दूसरे को विकसित करने का काम किया था। एक तरफ यूनानी लोगों ने भारतीय लोगों से बहुत कुछ सीखा, वहीं दूसरी ओर भारतीयों ने कला, विज्ञान, मुद्रा, ज्योतिष आदि क्षेत्रों में यूनानियों से प्रेरणा ग्रहण की। जबकि धर्म एवं दर्शन के क्षेत्र में यूनानियों ने भारतीय धर्म और दर्शन को ग्रहण किया। सम्राट मीनेंडर ने नागसेन से प्रभावित होकर बौद्ध धर्म ग्रहण किया। इतिहासकारों का मानना है कि भोग एवं तपस्या की विधि यूनानी लोगों ने भारत से ही ग्रहण की और कला के क्षेत्र में यूनानी प्रभाव सर्वथा भारतीय लोगों पर दृष्टिगोचर होता है। जिस कारण नवीन कला शैली की नींव भी इसी समय में पड़ी।'

विज्ञान के क्षेत्र में भारत स्पष्टतः यूनानियों से प्रभावित है। ज्योतिष शास्त्र से भारतीय लोग अधिक प्रभावित हुए। भारतीय ग्रंथों में ज्योतिष के पांच सिद्धान्तों का वर्णन भी हमें देखने को मिलता है :-

1. पितामह 2. वशिष्ट 3. सूर्य 4. पोलिश और 5. रोमक।

इनमें अन्तिम दो का जन्म यूनानी संपर्क से माना जाता है। टार्न महोदय के अनुसार- 'भारतीयों ने यूनानियों से निश्चित तिथि से काल गणना की प्रथा, संवतों का प्रयोग, सप्ताह के सात दिनों का विभाजन, विभिन्न ग्रहों के नाम आदि जाना।'

इसी समय-काल में सिक्का निर्माण के क्षेत्र में भारत के लोगों ने सिक्के बनाने की कला सीख ली थी। यूनानियों के सम्पर्क से पूर्व भारत में 'पंचमार्क' व 'आहत' सिक्के प्रयोग में लाए जाते थे। यूनानियों के प्रभाव के कारण ही भारतीय मुद्राएं सुडौल, लेखयुक्त एवं कलात्मक होने लगीं। यूनानियों ने यहां जो सिक्के जारी किए, उसमें एक ओर राजा की आकृति और दूसरी ओर किसी देवता की मूर्ति का चिन्ह बना होता था। सर्वप्रथम सिक्कों पर लेख उत्कीर्ण करवाने एवं सोने के सिक्के के लिए प्रयुक्त शब्द यवानिका भारतीय संस्कृत नाटकों में प्रयुक्त 'पटाक्षे' के लिए यूनानी शब्द का प्रयोग हुआ है।

बहुत से यूनानी मूल के और यूनानी संस्कृति से प्रभावित लोग मौर्य राज्य के उत्तरपश्चिमी इलाके में बसे हुए थे, जिसमें आधुनिक पाकिस्तान का खैबर-पख्तूनख्वा प्रांत और दक्षिणी अफगानिस्तान आते हैं। इनके कुछ रीति-रिवाजों पर भी शिलालेख में टिप्पणी देखने को मिलती है:

'कोई देश ऐसा नहीं है, यूनानी को छोड़कर, जिनमें ब्राह्मण और श्रमण (बौद्ध भिक्षु) दोनों ही न मिलते हों, न ही ऐसा कोई देश है जहां लोग एक या दूसरे धर्म के अनुयायी न हों।'

अशोक के दो शिलालेख अफगानिस्तान में मिले हैं, जो यूनानी भाषा में लिखे हैं और जिनमें से एक यूनानी और आरमेई में द्विभाषीय है जो कंदहार में मिला। जिसमें लिखा है कि-

'दस साल का राज पूर्ण होने पर, सम्राट पियोदॉसस (प्रियदर्शी का यूनानी रूपांतरण) ने पुरुषों को धर्म/निष्ठा का ज्ञान दिया और अधिक धार्मिक बनाया और पूरे संसार में समृद्धि है। सम्राट जीवित प्राणियों को

मारने से स्वयं को रोकता है और अन्य पुरुष जो सम्राट के शिकारी और मछुआरे हैं वह भी शिकार नहीं करते। अगर कुछ पुरुष असंयम हैं तो वह यथाशक्ति अपने असंयम को रोकते हैं और अपने माता-पिता और बड़ों की प्रति आज्ञाकारी हैं, जो भविष्य में भी होगा और जो भूतकाल से विपरीत है और ऐसा हर समय करने से वे बेहतर और अधिक सुखी जीवन जियेंगे।'

मौर्य सम्राट अशोक के इतिहास की सम्पूर्ण जानकारी उसके अभिलेखों से मिलती है। यह माना जाता है कि अशोक को अभिलेखों की प्रेरणा ईरान के शासक 'डेरियस' से मिली थी। अशोक के लगभग 40 अभिलेख प्राप्त हुए हैं। ये ब्राह्मी, खरोष्ठी और अरमेईक-ग्रीक लिपियों में लिखे गये हैं। सम्राट अशोक के ब्राह्मी लिपि में लिखित सन्देश को सर्वप्रथम एलेक्जेंडर कनिंघम के सहकर्मी जेम्स प्रिंसेप ने सफलता प्राप्त की थी।

सम्राट अशोक के अभिलेख जगह-जगह पर पाये जा रहे हैं। जिनसे यह बात साफ तौर पर निश्चित हो जाती है कि उसने न सिर्फ स्वयं अन्य देशों से संपर्क बनाया बल्कि अन्य देशों ने भी सम्राट अशोक से प्रभावित होकर उससे अच्छे राजनीतिक एवं व्यापारिक संबंध स्थापित किये।

इन संपर्कों का नतीजा यह निकला कि मौर्य साम्राज्य की साहित्य कला और स्थापत्य कला का विकास संभव हो पाया जिसने एक समृद्धशाली साम्राज्य को मजबूती प्रदान की।

23

साहित्य और कला

सम्राट अशोक के विषय में बड़े पैमाने पर ऐतिहासिक स्रोत उपलब्ध हैं जिनमें भारतीय धार्मिक साहित्य, विदेशी साहित्य, अभिलेखों, सिक्कों एवं पुरातात्विक खोजों के आधार पर इस काल के इतिहास की पुनर्रचना में सहायता मिलती है।

उपरोक्त सभी स्रोत सम्राट अशोक के शासन की जानकारी देने में हमारी मदद करते हैं। इसके अतिरिक्त बौद्ध धार्मिक ग्रंथों से भी तत्कालीन राजनीतिक, सामाजिक, आर्थिक तथा धार्मिक स्थिति का पता चलता है।

बौद्ध जातक ग्रंथों का रचनाकाल ईसा पूर्व प्रथम शती से लेकर दूसरी या तीसरी शती तक माना जाता है।

दिव्यावदान, ललितविस्तर, मंजूश्रीमूलकल्प नामक बौद्ध ग्रंथ भी इस काल के इतिहास पर प्रकाश डालते हैं।

'मिलिन्दपण्ह' नामक पुस्तक से हमें मिनांडर नामक यूनानी शासक के विषय में जानकारी मिलती है।

मौर्य काल की जानकारी दीपवंश' और 'महावंश' महावग्ग, चुग्लवग्ग,

'महाबोधिवंश', निदान कथा', यातिमोक्ख आदि भी मौर्यकालीन इतिहास को बतलाता है।

अमिधम्म के सात संग्रह हैं जिनमें तत्वज्ञान की चर्चा की गयी है। ऐतिहासिक ज्ञान के लिए त्रिपिटकों का अध्ययन आवश्यक माना गया क्योंकि इसमें बौद्ध संघों के संगठनों का उल्लेख किया गया है– 'इनका महत्व केवल इसीलिए नहीं है कि उनका साहित्य और कला श्रेष्ठ है, प्रत्युत तीसरी शताब्दी ई. पूर्व की सभ्यता के इतिहास की दृष्टि से भी उनका वैसा ऊंचा मान है।'

विदेशी लेखकों के साहित्य से भी मौर्य साम्राज्य की जानकारी महत्त्वपूर्ण मानी जाती है। गुप्तकालीन विशाखदत्त का 'मुद्राराक्षस' सिकंदर के आक्रमण के शीघ्र बाद ही भारतीय राजनीति का उद्घाटन करता है। साथ ही उसमें, चंद्रगुप्त मौर्य, चाणक्य तथा कुछ तत्कालीन नृपतियों का भी उल्लेख मिलता है।

कौटिल्य का अर्थशास्त्र भी इस संबंध में महत्त्वपूर्ण ग्रन्थ है जिसकी रचना मुद्राराक्षस के पूर्व की ही मानी गयी है। तत्कालीन शासन-पद्धति, राजा के कर्त्तव्य, शासन-व्यवस्था, न्याय आदि अनेक विषयों के संबंध में मौर्यकालीन इतिहास का यह ग्रन्थ एक दर्पण के रूप में कार्य करता है।

'अष्टाध्यायी' पाणिनी का एक व्याकरण ग्रन्थ भले ही हो किंतु मौर्य पूर्व तथा मौर्यकालीन राजनीतिक अवस्था पर महत्त्वपूर्ण प्रकाश डालता है। इसी तरह पतंजलि का 'महाभाष्य' भी राजनीति के संबंध में चर्चा करता है।

मौर्य काल में साहित्य के विभिन्न रूपों का विकास हुआ। जिसमें विभिन भाषाओं का विकास भी बड़े पैमाने पर हुआ था। एक सातवाहन शासक द्वारा 'हाल' छदमनाम से लिखी गई 'गाथा सप्तशती' प्राकृत भाषा की बहुत सुन्दर काव्य रचना देखने को मिलती है, यद्यपि इस काल में साहित्य रचना में संस्कृत भाषा का प्रचलन भी देखने को मिलता है।

माना जाता है कि इसी काल में पतंजलि ने अपना 'महाभाष्य' लिखा जो उनके पूर्ववर्ती पाणिनी की प्रसिद्ध रचना 'अष्टाध्यायी' की टीका है।

चिकित्सा शास्त्र पर भी मौलिक ग्रंथ इसी समय काल में लिखे गए, जिनमें सबसे प्रसिद्ध 'चरक कृत संहिता' है। चरक कुषाण शासक कनिष्क का समकालीन था।

ऐसा माना जाता है कि चिकित्सा शास्त्र एवं ज्योतिष शास्त्र में भारत ने पश्चिमी जगत से सम्पर्क द्वारा बहुत लाभ उठाया।

कुछ विद्वानों के अनुसार भरत का 'नाट्य शास्त्र' और वात्स्यायन का 'कामसूत्र' भी इसी काल की रचनाएं हैं।

इतिहासकारों का मत है कि भारत की सर्वप्रसिद्ध स्मृति 'मनुस्मृति' भी इसी समय काल में लिखा गया। और इसी समय में ब्राह्मणों ने महाकाव्यों में भी संशोधन किया था।

संस्कृत काव्य की प्रारम्भिक शैली की महत्त्वपूर्ण कृति अश्वघोष का 'बुद्धचरित' है। अश्वघोष के नाटकों के कुछ भाग मध्य एशिया के एक विहार में प्राप्त हुए थे।

इतिहासकारों का मत है कि सम्पूर्ण नाटक रचने का श्रेय भास को जाता है। इनमें से सर्वप्रसिद्ध हैं 'स्वप्नवासवदत्तम', ये राजदरबार के लिए लिखे गए थे।

सम्राट अशोक के शासन में कला का आधार मुख्यतः बौद्ध धर्म ही रहा। धनी व्यापारियों की विभिन्न श्रेणियों को सम्राट अशोक द्व ारा बहुत प्रोत्साहन दिया गया। इस समय के कला स्मारक, स्तूप, गुहा मन्दिर आदि में प्रमुख रूप से देखने को मिल जाते हैं। पर्वतों में खोदी गई गुफाएं मन्दिरों एवं भिक्षुओं के निवास स्थान आदि में भी देखने को मिल जाते हैं।

अशोक के समय में कला-सौंदर्य का विकास बहुत तेजी के साथ हुआ। जिसके प्रमाण देश-विदेश में बिखरे पड़े हैं। अशोक के शासन में कला साहित्य और संस्कृति की तेज गति अन्य राजाओं से अधिक

थी क्योंकि सम्राट अशोक ने अपने दरबार में विभिन्न प्रकार के कला विशेषज्ञों को प्रमुख स्थान दिया हुआ था।

वैसे तो कला की दृष्टि से हड़प्पा सभ्यता और मौर्यकाल के बीच लगभग 1500 वर्ष का अंतर स्पष्ट दिखाई देता है किंतु इसी समय काल में कला के भौतिक अवशेष उपलब्ध महाकाव्यों और बौद्ध ग्रंथों में हाथीदांत, मिट्टी और धातुओं के काम का उल्लेख है। मौर्यकाल में ही सबसे पहले कलात्मक गतिविधियों का इतिहास निश्चित रूप से शुरू होता है। सम्राट अशोक ने राज्य की धम्मनीति को प्रोत्साहित करने हेतु कलाकृतियों को बहुत अधिक प्रोत्साहन दिया।

इतिहासकारों का मत है कि इस युग में कला के दो रूप देखने को मिलते हैं। एक तो राजरक्षकों के द्वारा निर्मित कला, जो कि अशोक स्तंभों में पाई जाती है। दूसरा वह रूप जो परखम के यक्ष दीदारगंज की चामर ग्राहिणी और वेसनगर की यक्षिणी में देखने को मिलता है।

सम्राट अशोक ने लोककला की परम्परा का विभिन्न रूपों में प्रयोग कर मौर्य साम्राज्य की समृद्ध गाथा को स्वर्णिम अक्षरों में दर्ज करा दिया।

अजन्ता एवं एलोरा की गुफाओं से प्रतीत होता है, इनमें से कुछ गुफाएं इस काल की भी हैं। मूर्तिकला का प्रयोग बड़े-बड़े बौद्ध स्तूपों के तोरणों एवं बाड़ों के बनाने में किया गया जो भरहुत एवं सांची में देखने को मिलता है। दक्कन में अमरावती मूर्तिकला का विकास भी इसी काल में माना जाता है। नागार्जुनकुण्ड के जो अवशेष मिले हैं वे भी इसी काल में विकसित हुए थे।

अशोक काल में गांधार कला और मुथरा शैली का पूर्णत! विकास हो चुका था। उत्तर पश्चिम कला की एक विशेष शैली का विकास हुआ, जिसे गांधार शैली कहते हैं। इस शैली को ग्रीक बौद्ध शैली भी कहा जाता है। इस काल की विषयवस्तु बौद्ध परम्परा से ली गई थी, किन्तु निर्माण का ढंग यूनानी माना जाता है। गांधार शैली की प्रारम्भिक बौद्ध मूर्तियों में बुद्ध का मुख ग्रीक देवता अपोलो से मिलता-जुलता है।

मूर्तियों का परिवेश रोमन 'टोगा' जैसा है। ईस्वी सन् की तीसरी शती में गांधार कला के उदाहरण 'हद्दा' और 'जौलियन' में मिले हैं। ये कला की दृष्टि से बहुत उत्कृष्ट हैं। गांधार कला के अंतर्गत मूर्तियों में शरीर की आकृति में सर्वथा यथार्थ दिखाने का प्रयत्न किया जाता है। वहीं दूसरी तरफ मथुरा शैली में शरीर को यथार्थ दिखलाने का प्रयत्न नहीं किया गया है, अपितु मुखाकृति में आध्यात्मिक सुख और शांति स्वरूप की छाया दिखाई देती है। दूसरे शब्दों में गांधार कला यथार्थवादी थी और मथुरा कला आदर्शवादी।

ऐसा नहीं था कि अन्य धर्म से जुड़ी कलाकृतियों का विकास नहीं हुआ। जहां तक ब्राह्मण धर्म का सवाल है, उसके भी अवशेष कुछ कम नहीं। मथुरा, लखनऊ, बनारस (भारत कला भवन) आदि अनेक संग्रहालयों में इस काल के विष्णु, शिव, स्कन्द कार्तिकेय के निरूपणों के उदाहरण प्राप्य हैं। कृष्ण लीला के कुछ अत्यन्त महत्त्वपूर्ण एवं सुन्दर निरूपण इसी काल में मथुरा शैली में मिलते हैं।

किसी की शासन व्यवस्था की समृद्धि को मापने का एक और पैमाना माना जाता है–उस समय की लोक कला का स्वरूप क्या है? सम्राट अशोक ने लोक कलाओं को जीवंत करने और सुरक्षित एवं विकसित करने हेतु लोक कलाओं को राज्य संरक्षण दिया। राज्य संरक्षण की वजह से अनेक लोक कलाओं का विकास एवं संरक्षण सम्भव हो पाया जिसका नमूना हम मौर्य कालीन कलाओं में देख सकते हैं।

मौर्यकाल की लोक कला का ज्ञान हमें महाकाय यक्ष-यक्षी मूर्तियों के द्वारा होता है जो मथुरा से विदिशा, कलिंग, पाटलिपुत्र और पश्चिम सूर्पारक तक पाई जाती है। इन यक्ष-यक्षियों की मूर्तियां अपनी निजी शैली को दर्शाती हैं, इसका ठेठ रूप देखते ही अलग से पहचाना जा सकता है। इस काल में अतिमानवीय महाकाय मूर्तियां खुले आकाश के नीचे स्थापित की जाती थीं। जैसे–परखम ग्राम की यक्ष मूर्ति, पटना की यक्ष मूर्ति आदि। इन मूर्तियों की ओपदार चमक है जिसमें पटना शहर में, दीदारगंज से प्राप्त

चामरग्राहिणी यक्षी और बेसनगर की यक्षी विशेष उल्लेखनीय है। ये मूर्तियां महाकाय हैं और मांसपेशियों की बलिष्ठता और दृढ़ता को जीवंत रूप में व्यक्त किया गया है। वे पृथक रूप से खड़ी हैं किन्तु उनके दर्शन का प्रभाव सम्मुखीन है। शिल्पी ने इतने आकर्षक रूप में बनाया है कि उन्हें देखकर ऐसा लगता है कि उन्हें सम्मुख दर्शन के लिए ही बनाया गया हो। उनका वेश सिर पर पगड़ी, कंधों और भुजाओं पर उत्तरीय, नीचे धोती जो कटि में मेखला से कायाबंधन से बंधी है।

कानों में भारी कुंडल, छाती पर तिकोना हार, गले में कंठा और बाजुओं पर अंगद भी दर्शनीय है।

24

अशोक स्तंभ

विश्व इतिहास में अशोक स्तंभ अपनी कीर्ति के लिए एक विशेष स्थान रखता है। अशोक ने अपने शासन में स्तूप निर्माण की परम्परा को प्रोत्साहन दिया। बौद्ध अनुश्रुति के अनुसार सम्राट अशोक ने 8,400 स्तूप बनवाए थे। सांची तथा भरहुत के स्तूपों का निर्माण मूल रूप में अशोक ने ही करवाया था किंतु शुंगों के काल में सांची स्तूप का विस्तार हुआ।

अशोक ने वास्तुकला के इतिहास में एक नई शैली (चट्टानों को काटकर) का प्रारंभ किया।

गया के निकट बाराबर की पहाड़ियों में अशोक ने अपने राज्याभिषेक के 12वें वर्ष में इस गुफा में सुदामा गुहा नामक आजीवक भिक्षुओं को दान में दे दिया था। इस गुफा में दो कोष्ठ हैं। उसके बाहर का मुखमंडप आयताकार है किन्तु छत गोलाकार है। दोनों कोष्ठों की भित्तियों और छतों पर शीशे जैसी चमकती हुई पालिश है।

चौत्य गृह का मौलिक विकास अशोक के समय में ही प्रारम्भ हो गया था और इस शैली का पूर्ण विकास महाराष्ट्र के भाजा, कन्हेरी और कार्ले चौत्यगृहों में देखने को मिलता है।

इनमें से एक प्रसिद्ध गुफा गोपी गुफा है। जो इस काल की बेहतरीन कला की मिसाल है। इनका विन्यास सुरंग जैसा है। इसके मध्य में ढोलाकार छत और दोनों शिरों पर दो गोल मंडप हैं, जिनमें से एक को गर्भगृह और दूसरे को मुखमंडप समझना चाहिए। इस कला शैली में भी अशोक कालीन गृहशिल्प को पूर्णतः सुरक्षित रखा गया था।

विश्व इतिहास में अशोक स्तंभ अपने समय काल की स्वयं गवाही देते हैं। इसीलिए मौर्यकाल के सर्वश्रेष्ठ नमूने, अशोक के एकाश्मक स्तंभ हैं जोकि उसने धम्म प्रचार के लिए देश के विभिन्न भागों में स्थापित किए थे। इन स्तंभों की संख्या लगभग 20 है। ये बलुआ पत्थर के बने हुए हैं। लाट की ऊंचाई 40 से 50 फुट है। चुनार की खानों से पत्थरों को काटकर निकाला गया था। शिल्पकला में इन एकाश्मक खम्भों को काटकर तराशा गया था, इन स्तंभों को देश के विभिन्न भागों में पहुंचाना, शिल्पकला तथा इंजीनियरी कौशल का अनोखा उदाहरण है।

अशोक स्तंभ के शीर्ष भाग के मुख्य अंश हैं घंटा, जोकि अखमीनी स्तंभों के आधार के घंटों से मेल खाते हैं। भारतीय विद्वान इसे अवांगमुखी कमल कहते हैं। इसके ऊपर गोल अंड या चौकी है और कुछ चौकियों पर चार पशु और चार छोटे चक्र देखने को मिलते हैं। इसी प्रकार रामपुर में नटुवा बैल ललित मुद्रा में खड़ा है। सारनाथ के शीर्ष स्तंभ पर चार सिंह पीठ सटाए बैठे हैं। ये चार सिंह एक चक्र धारण किए हुए हैं। चक्र बुद्ध द्वारा धर्म चक्र प्रवर्तन के प्रतीक रूप में समझा जाता है। अशोक के एकाश्मक स्तंभों का सर्वश्रेष्ठ नमूना सारनाथ के सिंह स्तंभ का शीर्ष है क्योंकि मौर्य शिल्पियों के रूपविधान का इससे अच्छा दूसरा नमूना और कोई नहीं है। शिल्पों ने सिंहों के रूप को प्राकृतिक सच्चाई से प्रकट किया है।

पाश्चात्य विद्वानों ने यह मत व्यक्त किया है कि कला की प्रेरणा अखमीनी ईरान से मिली है। चौकी पर हंसों की उकेरी गई आकृतियों और अन्य सज्जाओं में यूनानी प्रभाव भी दिखाई देता है।

सम्राट अशोक और उनके प्रतीक

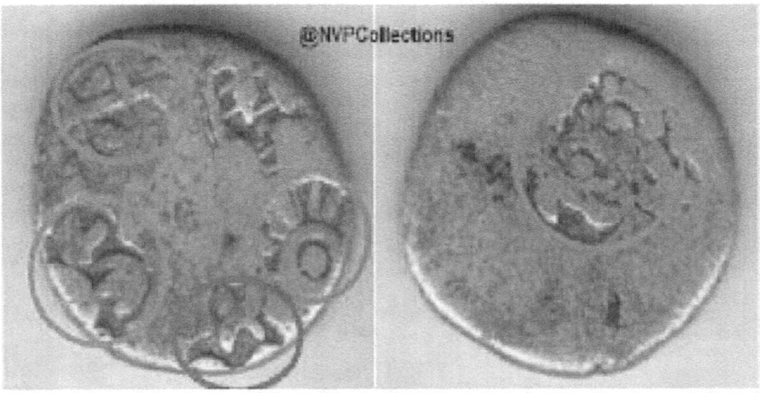

मौर्य काल के सिक्के

अशोक स्तंभ, कोल्हुआ

मध्य एशिया में प्राप्त अशोक के अक्स

सांची का स्तूप

अशोक स्तंभ, इलाहाबाद

अशोक स्तंभ, वैशाली

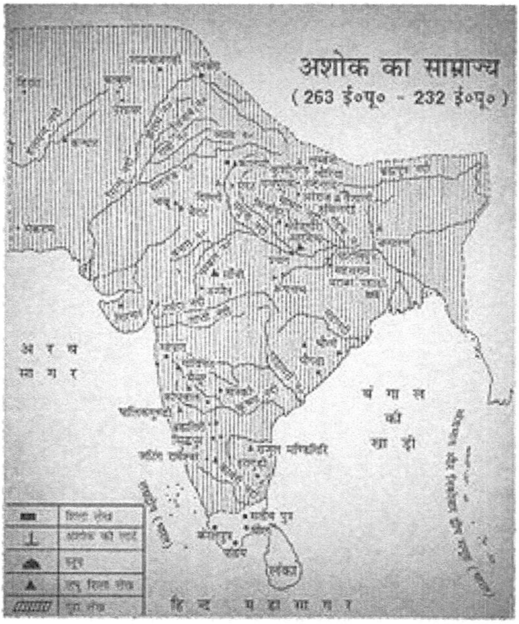

मानचित्र में अशोक साम्राज्य

अशोक कालीन मुद्रा

अशोक स्तंभ, थाइलैण्ड

ब्राह्मी लिपि से टंकित शिलालेख

मूर्तिकला का नमूना, अमरावती

अशोक स्तंभ, दिल्ली

अशोक चिन्ह, सारनाथ

अशोक स्तंभ, बिहार

विराट नगर का किला

अशोक काल की गुफा, गया

भारतीय विद्वानों के अनुसार अशोक के स्तंभ की कला का स्रोत भारतीय है। मौर्य कालीन स्तंभ शीर्षों की पशु-मूर्तियां, सारनाथ का सिंहस्तंभ, रामपुरवा का बैल प्राचीन सिंधु घाटी से समृद्ध कला परम्परा के अनुकूल है। वासुदेव शरण अग्रवाल के अनुसार- 'महाभारत और आपस्तंभ सूत्र से प्रमाण प्रस्तुत किए हैं.' इससे सिद्ध होता है कि चमकीली पालिश उत्पन्न करने की कला ईरान से कहीं पहले भारत में प्रयोग होती थी। पाटलिपुत्र के दो यक्ष और दीदारगंज की यक्षी में भी यह पालिश पाई जाती है। इन सब तर्कों के आधार पर हम कह सकते हैं। सारनाथ के धर्मचक्र की कल्पना नितांत भारतीय है।

मौर्य कालीन स्तंभों से स्पष्ट होता है कि स्तंभों की कल्पना शुद्ध भारतीय है। भारतीय स्तंभ सपाट और एक ही पत्थर के बने हैं। मौर्यकालीन शिल्पियों ने चिरपरिचित परम्परा को अपनाया और अपनी प्रतिभा से उसे नवीन आकार प्रदान किया।

हमारा स्पष्ट मानना है कि स्तंभों की संगत राशी मूर्तिकला तथा अलंकरण को अखमीनी, ईरानी या यूनान की मूलाकृतियों की नकल मात्र नहीं बल्कि विदेशी कला-लक्षणों का सम्यक् अध्ययन करके भारतीय कलाकारों ने अपनी प्रतिभा से रूपातंरण किया है और उन्हें अपने ढंग से कलाकृतियों के रूप में अभिव्यक्त किया है।

अशोक स्तंभ प्राचीन भारतीय स्थापत्य कला का एक सुंदर नमूना है। जिसने पुराविदों को ही नहीं, समस्त विश्व के लोगों को अपनी तरफ आकर्षित किया है। इसी प्रकार के स्तंभ भारत ही नहीं पाकिस्तान, अफगानिस्तान, नेपाल और थाईलैंड में भी प्राप्त हुए हैं। इन स्तंभों, अभिलेखों के अध्ययन से यह निष्कर्ष निकलता है कि सम्राट अशोक का प्रभाव क्षेत्र काफी विस्तृत था।

25

धम्मलिपि

सम्राट अशोक ने अपने लेखों की लिपि को 'धम्मलिपि' का नाम दिया है। उसके लेखों में कहीं भी इस लिपि के लिए 'ब्राह्मी' नाम नहीं मिलता लेकिन बौद्धों, जैनों तथा ब्राह्मण धर्म के ग्रंथों के अनेक उल्लेखों से ज्ञात होता है कि इस लिपि का नाम 'ब्राह्मी' लिपि ही जान पड़ता है।

महास्थान शिलालेख ब्राह्मी लिपि में और इसे मौर्य काल का माना जाता है। महावंश के अनुसार अशोक अपने पुत्र को विदा करने के लिए ताम्रलिप्ति तक आया था। ह्वेन त्सांग को भी कर्णसुवर्ण, ताम्रलिप्ति, समतट, पूर्वी बंगाल तथा पुण्ड्रवर्धन आदि में अशोक के स्तूप देखने को मिले हैं।

ब्राह्मी लिपि एक प्राचीन लिपि मानी जाती है जिससे कई एशियाई लिपियों का विकास हुआ है। प्राचीन ब्राह्मी लिपि के उत्कृष्ट उदाहरण सम्राट अशोक द्वारा बनवाये गये शिलालेखों के रूप में अनेक स्थानों पर मिलते हैं। नये अनुसंधानों के आधार छठी शताब्दी ईसा पूर्व के लेख भी मिले हैं जिनके आधार पर कहा जा सकता है कि ब्राह्मी भी खरोष्ठी की तरह ही पूरे एशिया में फैली हुई थी।

बौद्ध ग्रंथ 'ललितविस्तर' में 64 लिपियों के नाम दिए गए हैं। इनमें पहला नाम 'ब्राह्मी' है और दूसरा 'खरोष्ठी'।

जैनों के 'पण्णवणासूत्र' तथा 'समवायांगसूत्र' में 16 लिपियों के नाम दिए गए हैं जिनमें से पहला नाम 'बंभी' (ब्राह्मी) का है।

668 ई. में लिखित एक चीनी बौद्ध विश्वकोश 'फा-शु-लिन में ब्राह्मी और खरोष्ठी लिपियों का उल्लेख मिलता है। इसमें लिखा है कि- 'लिखने की कला का शोध दैवी शक्ति वाले तीन आचार्यों ने किया है उनमें सबसे प्रसिद्ध ब्रह्मा है, जिसकी लिपि बाईं ओर से दाहिनी ओर को पढ़ी जाती है।'

उपरोक्त कथन से यही जान पड़ता है कि उस समय ब्राह्मी लिपि भारत की सार्वदेशिक लिपि थी और उसका जन्म भारत में ही हुआ।

किंतु बहुत-से विदेशी पुराविद मानते हैं कि किसी बाहरी वर्णमालात्मक लिपि के आधार पर ही ब्राह्मी वर्णमाला का निर्माण किया गया था।

प्रसिद्ध पुरालिपिविद ब्यूह्लर की मान्यता रही कि- 'ब्राह्मी लिपि का निर्माण फिनीशियन लिपि के आधार पर हुआ।' इसके लिए उन्होंने एरण के एक सिक्के का प्रमाण भी दिया था।

सागर, म. प्र. से तांबे के कुछ सिक्के मिले हैं, जिनमें से एक पर 'धमपालस' शब्द के अक्षर दाईं ओर से बाईं ओर को लिखे हुए मिलते हैं।

चूंकि, सेमेटिक लिपियां भी दाईं ओर से बाईं ओर को लिखी जाती थीं, इसलिए ब्यूह्लर ने इस सिक्के के आधार पर यह प्रस्तुत करने की कोशिश की कि आरंभ में ब्राह्मी लिपि भी सेमेटिक लिपियों की तरह दाईं से बाईं ओर को लिखी जाती थी।

ओझा ने लिखा था कि- 'किसी सिक्के पर लेख का उलटा आ जाना कोई आश्चर्य की बात नहीं है क्योंकि सिक्के पर उभरे हुए अक्षर सीधे आने के लिए सिक्के के ठप्पे में अक्षर उलटे खोदने पड़ते हैं, अर्थात जो लिपियां बाईं ओर से दाहिनी ओर लिखी जाती हैं उनके ठप्पों में सिक्कों की इबारत की पंक्ति का आरंभ दाहिनी ओर से करके प्रत्येक अक्षर उलटा खोदना पड़ता है, परंतु खोदनेवाला इसमें चूक जाए और ठप्पे पर बाईं ओर से खोदने लग जाए तो सिक्के पर सारा लेख उलटा आ जाता है, जैसा कि एरण के सिक्के पर पाया जाता है।'

अपने पक्ष को और अधिक मजबूती प्रदान करने के लिए ओझा ने लिखा था कि- 'अब तक कोई शिलालेख इस देश में ऐसा नहीं मिला है जिसमें ब्राह्मी लिपि उलटी लिखी हुई मिली हो।'

इन तथ्यों से इस मान्यता को और अधिक बल मिला जब 1918 की खोज में अनु घोष को एर्रगुडी, आंध्र प्रदेश में अशोक का एक लघु-शिलालेख मिला, जिसे बाद में दयाराम साहनी ने 1933 में प्रकाशित किया। इस लेख की कुल 23 पंक्तियों में से 8 पंक्तियां- 2,4,6,9,11,13,14 और 23 वीं पंक्तियां- दाईं ओर से बाईं ओर को लिखी गई हैं। पुरालिपियों में यह एक अद्‌भुत उदाहरण है। पहली पंक्ति बाईं ओर से दाईं ओर, फिर दूसरी पंक्ति दाईं ओर से बाईं ओर, फिर तीसरी पंक्ति बाईं ओर से दाईं ओर.... इसी तरह का सिलसिला यदि सारे लेख में चलता रहे, तो इस प्रकार की लेखन-प्रणाली को बैलों द्वारा हल जोतने की विधि कहा जाता है।

यूनानी लिपि के आरंभिक लेख इसी प्रणाली में देखने को मिलते हैं। किन्तु एर्रगुडी के इस ब्राह्मी लेख को 'ब्यूस्त्राफीदान' प्रणाली में लिखा हुआ भी नहीं मान सकते हैं क्योंकि इसमें एक के बाद हर दूसरी पंक्ति नियमतः दाईं ओर से बाईं ओर को नहीं लिखी गई है। इस प्रकार धम्म लिपियों के विषय में विद्वानों के मतभेद देखे जा सकते हैं।

श्रीलंका में इस प्रकार के कई लेख मिलते हैं, परंतु ये अशोक के बाद के हैं और जान पड़ता है कि इनके लिखनेवालों को ब्राह्मी लिपि का यथार्थ ज्ञान भी नहीं था।

आंध्र प्रदेश के भट्टिप्रोलु-लेखों में भी ब्राह्मी के कुछ अक्षर उलटे लिखे हुए मिलते हैं। चालुक्य काल का एक लेख तो नीचे से ऊपर को भी लिखा हुआ मिलता है।

बहुत-से विद्वान मानते हैं कि सेमेटिक वर्णमाला के आधार पर ही ब्राह्मी संकेतों का निर्माण हुआ है। कुछ लोग उत्तरी सेमेटिक को ब्राह्मी का आधार मानते हैं, कुछ दक्षिणी सेमेटिक को और कुछ फिनीशियन तथा आरमेई लिपि को। चूंकि आरमेई लिपि का प्रचार भारत के

पश्चिमोत्तर प्रदेश तक फैला हुआ था, डिरिंजेर का मत है कि 'आरमेई के आधार पर ही ब्राह्मी का निर्माण हुआ। आज प्राय: सभी विद्वान यह बात स्वीकार करते हैं कि खरोष्ठी का निर्माण आरमेई लिपि के आधार पर हुआ है, किंतु यह संभव नहीं है कि ब्राह्मी लिपि भी आरमेई के आधार पर बनाई गई हो।

यह भारतवर्ष के लोगों का अपनी खोज से उत्पन्न किया हुआ मौलिक आविष्कार है। इसकी प्राचीनता और सर्वांग सुंदरता से चाहे इसका कर्ता ब्रह्मा देवता के नाम पर ब्राह्मी पड़ा हो, चाहे साक्षर-समाज ब्राह्मणों की लिपि होने से यह ब्राह्मी कहलायी हो, किंतु इसका फिनिशियन से संबंध नहीं है।

- एडवर्ड टॉमस के अनुसार-'ब्राह्मी अक्षर भारतवासियों के ही बनाए हुए हैं और उनकी सरलता से उनके बनाने वालों की बड़ी बुद्धिमानी प्रकट होती है।'
- कनिंघम के अनुसार, 'ब्राह्मी लिपि का निर्माण भारतवासियों ने ही किया है।'
- आर. शाम शास्त्री के अनुसार– 'देवताओं की उपासना के लिए जिन सांकेतिक चिन्हों का उपयोग होता था, उन्हीं से ब्राह्मी लिपि के अक्षरों का निर्माण हुआ है।'
- जगमोहन वर्मा ने 1913-15 में 'सरस्वती' पत्रिका में ब्राह्मी लिपि के बारे में कुछ लेख लिखे थे, जिसके एक लेख में लिखा था कि– 'वैदिक चित्रलिपि या उससे निकली किसी सांकेतिक लिपि से ब्राह्मी लिपि निकली है।'

यही अधिक संभव जान पड़ता है कि सिंधु लिपि से ही ब्राह्मी का विकास हुआ है। वस्तुत: सिंधु लिपि में और ब्राह्मी लिपि के उपलब्ध लेखों में लगभग एक हजार वर्षों का अंतर है। सिंधु लिपि के संकेतों में और ब्राह्मी लिपि के संकेतों में कुछ साम्य भी देखने को मिलता है।

26

स्थानीय लिपियों का प्रचार

सम्राट अशोक को महान बनाने में और उनकी यश गाथा को जन-जन तक पहुंचाने में प्रमुख लिपियों का योगदान माना जाता है, उससे बढ़कर यह कि सम्राट अशोक ने उन स्थानीय लिपियों का प्रयोग भी किया जिसे जनसाधारण आसानी से पढ़ लेती थी।

जब भी अशोक के धम्म प्रचारक जिस भी क्षेत्र विशेष में धम्म प्रचार-प्रसार करने जाते तो वे स्थानीय भाषा-लिपियों का प्रयोग करते थे।

तक्षशिला से आरमेई लिपि के एक लेख को भी कुछ विद्वान अशोक का मानते हैं। उसी प्रकार यूनानी और आरमेई लिपियों में एक द्वैभाषिक लेख (शारए-कुना, कंदहार, अफगानिस्तान से) मिला है, जिसे अधिकतर विद्वानों की नजर में अशोक का ही मानते हैं।

पश्चिमोत्तर भारत में खरोष्ठी, आरमेई तथा यूनानी लिपियों का प्रचार होने से अशोक ने अपने धर्मलेखों के लिए इन स्थानीय लिपियों का इस्तेमाल किया है। इससे यही निष्कर्ष निकलता है कि उस समय भारत के अन्य प्रदेशों में भी स्थानीय लिपियों का प्रचार-प्रसार होता था। पश्चिमोत्तर भारत के अलावा शेष समूचे भारतीय प्रदेशों में उसके लेख ब्राह्मी लिपि में मौजूद हैं।

कुछ विद्वानों का मत है कि इस ब्राह्मी लिपि के स्वरूप में कोई प्रादेशिक अंतर देखने में नहीं आते। अशोक के समय में प्रायः संपूर्ण भारतवर्ष में ब्राह्मी लिपि का व्यवहार था और साधारण जनता भी इस लिपि को पढ़-लिख सकती थी। अशोक के लेखों की सार्वदेशिकता का पता इस बात से भी चलता है कि उसने अपने लेखों में सर्वत्र उस समय की बोलचाल की प्राकृत भाषा का प्रयोग किया था। इस प्राकृत या पालि में प्रांत-भेद के अनुसार थोड़ा-सा अंतर जरूर दृष्टिगत होता है, परंतु प्राकृत भाषा ही प्रयोग होती थी।

अशोक के लेखों में 'लिपिकर' या 'दिपिकर' शब्द मिलते हैं। इनके साथ 'लिखिते' 'लेखिते' क्रियाएं भी मिलती हैं। शहबाजगढ़ी के खरोष्ठी लेख में 'निषिस्तम' या 'निषिस्तम' क्रिया का इस्तेमाल किया गया है। आधुनिक फारसी में भी लेख के लिए 'नविश्ता' शब्द का उपयोग होता है। इसलिए 'लिपिकर' या 'दिपिकर' शब्द को हम 'लेखक' के अर्थ में ले सकते हैं।

सम्राट अशोक ने अपनी राजाज्ञाएं उस समय में प्रचलित लिपियों के साथ-साथ स्थानीय लिपियों में लिखवाकर जन-जन तक अपना संदेश पहुंचाया जिस कारण उसकी महानता युगों-युगों तक याद की गई और आज भी याद की जाती है।

27

शिलालेखों की विधि

अशोक की धम्म लिपियों की लिखने की विधि को लिपिविद उस समय-काल को समझने में हमारी मदद करते हैं। अशोक की धम्मलिपियों के विषय में हमने अब तक देखा कि प्राय: सभी विद्वान उनके लिखने की विधि के आधार पर ही ब्राह्मी लिपि और खरोष्ठी लिपियों का उद्‍गम अरमई, समेटिक, फिनीशियन आदि लिपियों से मानते हैं। कुछ विदेशी सम्पर्क का प्रभाव मानते हैं कुछ लोग इसे शुद्ध भारतीय मानते हैं।

सम्राट अशोक के चौदहवें अर्थात अंतिम शिलालेख से शिलालेखों की विधि के बारे में कुछ जानकारी मिलती है।

लेकिन अशोक के अभिलेखों से यह बात पता नहीं चलती कि ये शिलालेख किस विधि से खुदवाए गए। माना जाता है कि लेखों को खुदवाने का काम दो स्तरों में पूरा होता था। 'लिपिकर' का काम पत्थर पर लेख को लिख देने तक सीमित था।

लेख खोदनेवाला कोई दूसरा ही पेशेवर व्यक्ति 'शिल्पी' होता था। हमारे प्राचीन साहित्य में खोदने की क्रिया के लिए 'छिन्दति' शब्द मिलता है, जो 'छिद्' धातु से बना है। 'लिपिकर' या लेखक किसी

पत्थर पर पहले चूना-पत्थर या कोयले से अक्षरों को लिखता था और बाद में खोदने का काम करने वाला (शिल्पी) उन अक्षरों का अनुसरण करते हुए पत्थर पर अक्षर खोदता था। अक्षरों के आकार-प्रकार के लिए 'लिपिकर' ही जिम्मेवार होता था, परंतु खोदते समय अक्षरों के आकार-प्रकार में कुछ न कुछ फर्क स्वाभाविक है। वस्तुतः लेख खोदने वाले का स्थान गौण था। अशोक के लेखों के अक्षरों की रेखाओं की मोटाई भी प्रायः एक-सी देखने को मिलती है क्योंकि जिस खड़िया से लिपिकर ने पत्थरों पर अक्षर लिखे होंगे, वह ऐसी रही होगी कि अक्षर समान मोटाई के बनें।

इतिहासकारों का मानना था कि खोदने वाले ने लेखक के अक्षरों का ही अनुसरण किया है। बाद के ब्राह्मी अभिलेखों में जिस प्रकार अक्षरों के सिरों पर हमें घुंडियां दिखाई देती हैं, उसी प्रकार सम्राट अशोक के ब्राह्मी लेखों में देखने को नहीं मिलतीं।

सम्राट अशोक के शिलालेखों में अक्षरों की खड़ी रेखाओं की लंबाई इनकी आड़ी रेखाओं से सामान्यतः दुगुनी देखने को मिलती है परंतु कर्नाटक के शिलालेखों में यह लंबाई दुगने से कुछ अधिक और इलाहाबाद कोसम स्तंभलेख में दुगने से कुछ कम दिखाई देती है। अब हम इस नतीजे पर पहुंचे हैं कि आरमेई और समेटिक लिपियां एकदम उल्टे तरीके से लिखी जाती थीं। इसीलिए पूर्णतः इन लिपियों के प्रभाव को तो मान नहीं सकते किंतु लिखने वाले और खोदने वाले व्यक्तियों में फर्क होने के कारण इन लिपियों के आकार में अन्तर पाया जाता है।

28

ब्राह्मी लिपि में स्वर और व्यंजन

लिपियों के आधार पर हम इस निष्कर्ष पर पहुंचे हैं कि सम्राट अशोक के शासन काल में ब्राह्मी लिपि अपनी विकास अवस्था में पहुंच चुकी थी।

अशोक के ब्राह्मी लिपि में यह देखने को मिलता है कि उसके लेखों में केवल छह मूल स्वरों के संकेत पाए जाते हैं- 'अ', 'आ', 'इ', 'उ', 'ए' और 'ओ'। इनमें 'ऋ' एवं 'लृ' तथा इनके दीर्घ रूपों के लिए अक्षर नहीं हैं। इनमें 'ई', 'ऊ', 'ऐ' तथा 'औ' के मूल स्वरों के लिए भी अक्षर नहीं हैं।

व्यजनों के साथ जुड़ने वाली स्वरों की मात्राओं के रूप में केवल 'आ', 'इ', 'ई', 'ए', 'ऐ' तथा 'ओ' की मात्राएं मिलती हैं। 'औ' के स्वतंत्र स्वर-संकेत या व्यंजनों में लगने वाली इसकी मात्रा के लिए कोई चिन्ह नहीं मिलता है। अनुस्वार के लिए एक बिंदु (.) का प्रयोग हुआ है, जो प्राय: अक्षर की दाहिनी ओर कुछ ऊपर रखा जाता था। विसर्ग का चिन्ह (:) भी अशोक के किसी लेख में नहीं पाया जाता।

अशोक के लेखों में निम्नलिखित 33 व्यंजनों के लिए अक्षर-संकेत हैं :- क ख ग घ य र ल व च छ ज झ श ष स ह ट ठ ड ढ ण ड़ (ळ) त थ द ध न प फ ब भ म

सम्राट अशोक के ब्राह्मी व्यंजनों के साथ स्वर-मात्राएं जोड़ने की व्यवस्था अनुसार इन सभी व्यंजनों में 'अ' स्वर निहित है, यानि ये स्वरांत हैं, हलंत नहीं हैं। इसीलिए यहां पर प्रत्येक अक्षर की विशेषता को व्यक्त करना मुद्रण की कठिनाइयों के कारण संभव नहीं है। फिर भी हम मुख्य रूप में अशोक के लेखों के अक्षरों की कुछ विशेषताओं पर प्रकाश डालेंगे। 'क' जोड़ के चिन्ह-सा 'क्रॉस' की तरह का है। अशोक के किसी भी लेख में (/) के लिए संकेत नहीं मिलता।

अशोक के लेखों में सभी ऊष्मा व्यंजन मिलते हैं, परंतु उनमें से 'स' का ही सर्वाधिक प्रयोग देखने को मिलता है। 'श' और 'ष' कालसी के शिलालेख में मिलते हैं। 'श' कर्नाटक के लेखों में भी हैं। अशोक के खरोष्ठी लेखों में भी 'श', 'ष' तथा 'स' के लिए अक्षर हैं। स्तंभलेखों में 'ड़' (ळ्) के लिए अक्षर मिलता है।

सम्राट अशोक के शिलालेखों में संयुक्त व्यंजनों को लिखते समय अधिकतर पहले उच्चारित व्यंजन को ऊपर और बाद में उच्चारित व्यंजन को उसके नीचे लिखा जाता था परंतु कहीं-कहीं यह भी देखने को मिलता है कि बाद में उच्चारित व्यंजन ऊपर लिखा गया है और पहले उच्चारित व्यंजन उसके नीचे है।

वस्तुत: यह लिखने वाले की गलती के कारण हुआ है और इससे यही पता चलता है कि 'लिपिकर' या लेखक शुद्ध लिखना नहीं जानते थे। उदाहरण के लिए, गिरनार के लेख में 'व्य' के स्थान पर 'व' लिखा गया है। 'र' के लिए ब्राह्मी लिपि में एक लहरदार खड़ी लकीर का चिन्ह है। जब यह 'र' अक्षर किसी अन्य व्यंजन के साथ संयुक्ताक्षर के रूप में आता है, तो सामान्यत: 'र' का अक्षर स्पष्ट रूप से ऊपर रहता है और दूसरा व्यंजनाक्षर कुछ छोटे आकार में नीचे रहता है।

हमें इस नियम के अपवाद भी देखने को मिलते हैं और इसलिए एक ही संयुक्ताक्षर को 'स्त्र' या 'र्स' तथा 'व्र' या 'र्व' पढ़ा जाता है। आज भी न केवल छोटे विद्यार्थी, बल्कि पढ़े-लिखे वयस्क भी

'पुनर्लिखित' को 'पुर्नलिखित', 'आशीर्वाद' को 'आर्शीवाद' लिख देते हैं।

अशोक के ब्राह्मी लेखों में विरामचिन्हों का उपयोग अपवाद रूप में ही मिलता है। स्तंभलेखों में शब्दों के बीच कुछ अंतर दिखाई देता है। कुछ अन्य शिलालेखों में शब्दों के बीच कभी-कभी अंतर रखा गया है।

परंतु अशोक के सभी लेखों में शब्दों के बीच स्पष्ट अंतर दिया गया हो, ऐसी बात नहीं है। कुछ लेखों में पूर्ण-विराम के रूप में दंडचिन्ह (।) का भी इस्तेमाल देखने को मिलता है जैसे– सहसराम के लघु-शिलालेख में।

सम्राट अशोक के लेखों में कुछ अक्षर कभी-कभी उलटे लिखे हुए भी मिलते हैं। ऐसे अक्षर हैं : 'घ' 'ओ' और 'नो'।

इन शिलालेखों को खोदते समय काफी सावधानी बरती गई थी। लेख के खुद जाने पर उसे पुनः शुद्ध किया जाता था। देखने में आता है कि कुछ जगह भूल से छूट गए अक्षर को पुनः लिखा गया है और अशुद्ध अक्षर को मिटा दिया गया है। यह सही है कि अशोक की ब्राह्मी लिपि के कई अक्षरों के दो-दो, तीन-तीन रूप देखने को मिलते हैं, किंतु यह प्रादेशिक अंतर नहीं है। अंत में हम यही कहेंगे कि अशोक के ये धर्मलेख भारतीय लेखन कला की अमूल्य निधि हैं।

आज के भारत की प्रायः सभी लिपियां और विदेशों की भी बहुत-सी लिपियां, अशोक के लेखों की इस ब्राह्मी को अपनी जननी मान सकती हैं। विश्व इतिहास में अशोक को छोड़कर अन्य किसी भी शासक ने इतने विशाल स्तर पर नैतिक एवं धार्मिक लेख नहीं खुदवाए हैं। यहां हम अशोक के ब्राह्मी लेखों के कुछ नमूने दे रहे हैं- लिप्यंतर और अर्थ-सहित।

सभी लघु-शिलालेख अशोक ने अपने राजकर्मचारियों को संबोधित करके लिखवाए हैं। अशोक ने सबसे पहले लघु-शिलालेख ही खुदवाए थे, इसलिए इनकी शैली उसके अन्य लेखों से कुछ भिन्न है।

रुम्मिनदेई के अशोक-स्तंभ पर खुदा हुआ लेख

ब्राह्मी लिपि में है और बाईं ओर से दाईं ओर को पढ़ा जाता है:-

लिप्यंतर

(i) देवानं पियेन पियदसिन लाजिन वीसतिवसाभिसितेन

(ii) अतन आगाच महीयिते हिद बुधे जाते सक्यमुनीति

(iii) सिलाविगडभीचा कालापित सिलाथभे च उसपापिते

(iv) हिद भगवं जातेति लुंमिनिगामे उबलिके कटे

(v) अठभागिये च

अर्थ

(i) देवताओं के प्रिय प्रियदर्शी राजा ने (अपने) राज्याभिषेक के 20 वर्ष बाद स्वयं आकर इस स्थान की पूजा की।

(ii) क्योंकि यहां शाक्यमुनि बुद्ध का जन्म हुआ था।

(iii) यहां पत्थर की एक दीवार बनवाई गई और पत्थर का एक स्तंभ खड़ा किया गया।

(iv) बुद्ध भगवान यहां जन्मे थे, इसलिए लुम्बिनी ग्राम को कर से मुक्त कर दिया गया और

(v) (पैदावार का) आठवां भाग भी (जो राज्य का हक था) उसी ग्राम को दे दिया गया है।

29

खरोष्ठी लिपि

सम्राट अशोक ने न सिर्फ ब्राह्मी लिपि का प्रयोग बड़े पैमाने पर किया है बल्कि खरोष्ठी लिपि भी उतने ही रूप विकसित और विस्तार ग्रहण कर चुकी थी।

हर दशा में दूसरे संप्रदायों का आदर करना ही चाहिए। ऐसा करने से मनुष्य अपने संप्रदाय की उन्नति और दूसरे संप्रदायों का उपकार करता है। इसके विपरीत जो करता है, वह अपने संप्रदाय की (जड़) काटता है और दूसरे संप्रदायों का भी अपकार करता है। क्योंकि जो अपने संप्रदाय की भक्ति में आकर इस विचार से कि मेरे संप्रदाय का गौरव बढ़े, अपने संप्रदाय की प्रशंसा करता है और दूसरे संप्रदाय की निंदा करता है, वह ऐसा करके वास्तव में अपने संप्रदाय को ही गहरी हानि पहुंचाता है। इसलिए समवाय (परस्पर मेलजोल से रहना) ही अच्छा है अर्थात् लोग एक-दूसरे के धर्म को ध्यान देकर सुनें और उसकी सेवा करें।

–सम्राट अशोक

खरोष्ठी लिपि में अशोक के दो -शिलालेख शहबाजगढ़ी (पेशावर जिला) और मानसेहरा (हजारा जिला) में हैं। ये दोनों ही स्थान अब पाकिस्तान में हैं।

जहां तक पश्चिमी शक्तियों के संबंध में है। शिलालेख 5 एवं 13 में यवनों, काम्बोजों एवं गांधारों का उल्लेख है। किन्तु उत्तर-पश्चिम की इन शक्तियों के पश्चिम में भी कुछ ऐसी शक्तियां थीं, जो कि सिकंदर के आक्रमण के बाद स्थापित हो गई थीं और

सामान्य रूप से यवन थीं। इनमें से कुछ को अशोक ने नाम लेकर अभिव्यक्त किया है।

एक स्थान पर अशोक ने कहा है कि–'उसके धम्म मिशन सीमावर्ती राज्यों और 600 योजन जैसे सुदूर क्षेत्रों में भी पहुंचे थे।' शिलालेख 2 एवं 13 में यवन नरेश अंतियोक का उल्लेख है, जो अखमनी शासक एण्टियोकस द्वितीय माना जाता है।

कहा जाता है कि अशोक ने विशाल पत्थर पर एक अभिलेख उत्कीर्ण करवाया, जिसकी घोषणाओं की शैली अखमनी प्रारूप से प्रेरित मानी जाती थी। भाषाशास्त्रीय अध्ययन के अनुसार सम्पर्कों की पुष्टि होती है। अशोक के शाहबाजगढ़ी एवं मानसेहरा शिलालेखों में खरोष्ठी लिपि का प्रयोग एवं कुछ ईरानी शब्दों का प्रयोग भी इसी ओर संकेत करते हैं।

30

अशोक के अभिलेख

बौद्ध धर्म स्वीकार करने के पश्चात सम्राट अशोक ने अपना अत्यधिक समय बौद्ध धर्म के शांति और अहिंसा के संदेशों का प्रचार-प्रसार करने में व्यतीत किया। उन्होंने शांति, करुणा और भाईचारे का संदेश देने वाले अनेक शिलालेखों, स्तंभलेखों और गुहालेखों का निर्माण कराया तथा उन पर उच्चकोटि के उपदेशों को खुदवाया।

अशोक के अभी तक ज्ञात सभी शिलालेखों, स्तंभलेखों और गुहालेखों को तिथि क्रम के अनुसार आठ भागों में बांटा गया है। ये आठ भाग इस प्रकार हैं–

(i) **लघु शिलालेख**–इस प्रकार के छोटे अभिलेख बारह स्थानों से प्राप्त हुए हैं। गुर्जरा और मास्की वाले लेखों पर अशोक का नाम भी अंकित है। अन्य लेखों में अशोक के नाम के स्थान पर केवल देवताओं के प्रिय प्रियदर्शी ही अंकित है।

(ii) **भबरू शिलालेख**–यह शिलालेख वैराट जयपुर से प्राप्त हुआ है।

(iii) **चतुर्दश शिलालेख**–ये शिलालेख ईसा पूर्व 253 में लिखे गए थे। चौदह प्रज्ञापन होने के कारण ये चतर्दुश शिलालेख कहलाते हैं। ये आठ स्थानों से प्राप्त हुए हैं।

(iv) **कलिंग लेख**–ये दो शिलाओं पर प्राप्त हुए हैं। ये भी ईसा पूर्व 253 के ही माने गए हैं।

(v) **गुहा लेख**–ये लेख बिहार राज्य के गया जिले के बराबर में स्थित पहाड़ी गुफाओं में उत्कीर्ण हैं। इनका लेखन काल ईसा पूर्व 257 से ईसा पूर्व 250 माना गया है।

(vi) **तराई स्तंभ लेख**–ये लेख नेपाल के लुंबिनी और निलीव ग्राम से प्राप्त हुए हैं। इनका लेखन काल ईसा पूर्व 249 माना गया है।

(vii) **स्तंभ लेख**–ये लेख छः स्थानों से प्राप्त हुए हैं। इनका लेखन काल ईसा पूर्व 243-242 माना गया है।

(viii) **लघु स्तंभलेख**–ये लघु स्तंभलेख चार हैं। ये सारनाथ, सांची तथा प्रयाग से प्राप्त हुए हैं। इनका लेखन काल ईसा पूर्व 242 से 232 तक माना गया है।

सम्राट अशोक ने इन अभिलेखों में बौद्ध धर्म के मूल सिद्धांतों को अंकित कराया है। इसी कारण इन्हें धर्मलेख भी कहा जाता है। ये शिलालेख जिस लिपि में खुदवाए गए, उसे ब्राह्मी लिपि कहा जाता है।

सम्राट अशोक के विभिन्न लेखों में कम-से-कम 15 से 20 सालों का अंतर है। फिर भी सभी लेखों की लेखन-शैली में कोई विशेष अंतर नहीं दिखाई देता, किंतु शिलालेखों की अपेक्षा स्तंभलेख कुछ अधिक अच्छे लिखे गए हैं।

सम्राट अशोक की ब्राह्मी लिपि अक्षरों में कोई सुदृढ़ तिथिगत आधार प्रदान नहीं करती है। इन्हें उत्तरी और दक्षिणी जैसी शैलियों में विभाजित करना किसी भी रूप में उचित नहीं है। सम्राट अशोक के अभिलेखों के स्थानों पर विचार करने से स्पष्ट हो जाता है कि उसके रास्ते में आने वाले सभी राजमार्गों पर धर्मलेखों के साथ 'लिपिकर' लेकर जाते थे और साथ ही साथ ब्राह्मी लिपि भी उनके साथ पहुंची।

सम्राट अशोक द्वारा निर्मित कुल 40 अभिलेख प्राप्त हुए हैं जिन्हें अशोक ने स्तंभों, चट्टानों और गुफाओं की दीवारों में अपने 269 ईसापूर्व से 231 ईसापूर्व चलने वाले शासनकाल में खुदवाए गए

थे। ये आधुनिक भारत, बंगलादेश, अफगानिस्तान, नेपाल और पाकिस्तान में जगह-जगह पर देखने को मिल जाते हैं और सम्राट अशोक के अस्तित्व के सबसे प्राचीन प्रमाणों में से हैं।

राज्याभिषेक के बीस वर्ष बाद, देवों के प्रिय सम्राट प्रियदर्शी इस स्थान पर आए और पूजा की क्योंकि यहां शाक्यमुनि बुद्ध पैदा हुए थे। उन्होंने एक पत्थर की मूर्ति और एक स्तंभ स्थापित करवाया और, क्योंकि यह भगवन का जन्मस्थान है, लुम्बिनी के गांव को लगान से छूट दी गई और फसल का केवल आठवां हिस्सा देना पड़ा।

अशोक के बौद्ध धर्म प्रचार के प्रयास भूमध्य सागर के क्षेत्र तक सक्रिय थे जिसमें इन शिलालेखों का महत्वपूर्ण योगदान था और सम्राट अशोक मिस्र और यूनान तक की राजनैतिक परिस्थितियों से भलीभांति परिचित थे। अशोक के धम्म शिक्षाओं से यह निष्कर्ष निकाल सकते हैं कि उन्होंने बौद्ध धर्म की बारीकियों पर जोर कम और मनुष्यों को आदर्श जीवन जीने की शिक्षाओं पर अधिक बल दिया है।

पश्चिमी क्षेत्रों के शिलालेखों की भाषा संस्कृत से मिलती-जुलती है और उसमें खरोष्ठी लिपि का प्रयोग किया गया। एक शिलालेख में यूनानी भाषा प्रयोग की गई है, जबकि एक अन्य में यूनानी और आरमेई भाषा में द्विभाषीय आदेश दर्ज किये गये हैं। सम्राट ने इन शिलालेखों में अपने आप को 'प्रियदर्शी' की उपाधि से बुलाते हैं।

सम्राट अशोक के अभिलेखों में शाहनाजगढ़ी एवं मानसेरा (पाकिस्तान) के अभिलेख खरोष्ठी लिपि में उत्कीर्ण हैं। तक्षशिला एवं लघमान (काबुल) के समीप अफगानिस्तान अभिलेख आरमेई एवं ग्रीक में उत्कीर्ण हैं। इनके अलावा अशोक के सभी शिलालेख, लघुशिलालेख स्तंभ लेख एवं लघु लेख ब्राह्मी लिपि में उत्कीर्ण हैं। सम्राट अशोक का इतिहास भी हमें इन अभिलेखों से बहुत अधिक प्राप्त होता है।

अशोक के 40 अभिलेखों को सर्वप्रथम जेम्स प्रिंसेप नामक विद्वान पढ़ने में सफलता हासिल कर चुका था। इस प्रकार अशोक के अभिलेखों को तीन भागों में विभाजित किया जा सकता है विवरण इस प्रकार है-

अ. शिलालेख, लघु शिलालेख

ब. स्तंभ अभिलेख, लघु शिलालेख

स. गुहा अभिलेख

अशोक के शिलालेख

धौली- उड़ीसा

शाहबाजगढ़ी- पाकिस्तान

मानसेरा- पाकिस्तान

कालसी- देहरादून

जौगढ़- उड़ीसा

सोपरा- महाराष्ट्र

एरागुडि- आन्ध्र प्रदेश

गिरनार- काठियाबाड़

अ-शिलालेख

प्राप्त अभिलेखों के आधार पर शिलालेखों और लेखों को दो उपश्रेणियों में रखा जाता है। 14 शिलालेख सिलसिलेवार हैं, जिनको चतुर्दश शिलालेख कहा जाता है। ये शिलालेख शाहबाजगढ़ी, मानसेरा, कालसी, गिरनार, सोपारा, धौली और जौगढ़ में मिले हैं। सम्राट अशोक के कुछ शिलालेख असम्बद्ध रूप में हैं और संक्षिप्त हैं। शायद इसीलिए उन्हें लघु शिलालेख कहा जाता है। इस प्रकार के शिलालेख रूपनाथ, सासाराम, बैराट, मास्की, सिद्धपुर, जतिंगरामेश्वर और ब्रह्मगिरि में पाये गये हैं।

दूसरी श्रेणी के लघु शिलालेख एरागुडी और कोपबाल में मिले हैं। दो अन्य लघु शिलालेख अभी हाल में ही अफगानिस्तान में- एक जलालाबाद में और दूसरा कंधार के निकट मिला है।

इसके अलावा सात लेख स्तंभों पर उत्कीर्ण हैं जिसके कारण वह स्तंभ लेख के नाम से प्रसिद्ध हैं। ये स्तंभ लेख दिल्ली, इलाहाबाद, लौरिया, लौरिया नंदनगढ़ और रामपुरवा में मिले हैं। कुछ स्तंभों पर केवल एक-एक लेख है, अतः उन्हें सात स्तंभ लेखों के क्रम से अलग रखा गया है और वे लघुस्तंभ लेख कहे जाते हैं। इस प्रकार के लघु स्तंभलेख सारनाथ, सांही, रुम्मिनदेह और निग्लीव में मिले हैं।

अंतिम तीन लेख बाराबर पहाड़ियों की गुफाओं में मिले हैं और उनको गुफालेखों के नाम से पुकारा जाता है।

लघु शिलालेख

अशोक के लघु शिलालेख चौदह शिलालेखों के मुख्य वर्ग में सम्मिलित नहीं हैं जिन्हें लघु शिलालेख कहा जाता है।

धम्म को लोकप्रिय बनाने के लिए अशोक ने मानव व पशु जाति के कल्याण हेतु पशु-पक्षियों की हत्या पर प्रतिबन्ध लगा दिया था। राज्य तथा विदेशी राज्यों में भी मानव तथा पशु के लिए अलग चिकित्सा की व्यवस्था की। अशोक के महान पुण्य कार्य एवं स्वर्ग प्राप्ति का उपदेश बौद्ध लघु शिलालेखों में अंकित किये गये हैं।

अशोक ने दूर-दूर तक बौद्ध धर्म के प्रचार हेतु दूतों, प्रचारकों को विदेशों में भेजा। अशोक ने अपने कई शिलालेखों में उन देशों का नाम लिखवाया जहां दूत भेजे गये थे।

दक्षिण सीमा पर स्थित राज्य चोल, पाण्ड्य, सतिययुक्त केरल पुत्र एवं ताम्रपार्णि बताये गये हैं। लघु शिला लेखों में अंकित उनकी राजाज्ञाएं इस प्रकार हैं–

(i) रूपनाथ का लघु शिलालेख–रूपनाथ के लघु शिलालेख में लिखा है कि देवताओं के प्रिय प्रियदर्शी का कहना है कि अढ़ाई वर्ष से अधिक हुए कि मैं प्रकट रूप से शाक्य (बौद्ध) हुआ, किंतु एक वर्ष से अधिक हुआ, जबसे मैं संघ में आया हूं, तब से मैंने पूरी तरह उद्योग किया है। इस बीच जंबूद्वीप (भारत) में जो देवता अब तक मनुष्यों के साथ नहीं मिलते-जुलते थे, अब वे मेरे द्वारा मनुष्यों से मिल-जुल गए हैं। यह उद्योग का फल है।' यह उद्योग का फल केवल बड़े लोग ही पा सकें, ऐसी बात नहीं है। छोटे लोग भी उद्योग करें तो स्वर्ग के परम सुख को पा सकते हैं। यह अनुशासन इसलिए लिखा गया कि छोटे और बड़े उद्योग करें। सीमांत में रहने वाले लोग भी इस अनुशासन को जानें और मेरा यह उद्योग चिरस्थायी रहे। इस विषय का विस्तार होगा और बहुत विस्तार होगा। कम-से-कम डेढ़ गुणा विस्तार होगा। यह अनुशासन अवसर के अनुसार पर्वतों की शिलाओं पर लिखा जाना चाहिए। इस अनुशासन के अनुसार जहां तक आप लोगों का अधिकार हो, वहां तक आप सभी अधिकारियों को भेजकर इसका प्रचार करें। यह अनुशासन मैंने उस समय लिखवाया, जब मैं प्रवास में था और प्रवास के 256 दिन हो चुके थे।'

(ii) **सहसराम का लघु शिलालेख**–सम्राट अशोक ने सहसराम के लघु शिलालेख में अंकित किया है कि 'देवताओं के प्रिय प्रियदर्शी का कहना है कि... वर्ष से अधिक हुए कि मैं उपासक हुआ, परंतु अधिक उद्योग नहीं किया, किंतु एक वर्ष से देवता अब तक मनुष्यों के साथ नहीं मिलते-जुलते थे, अब वे मेरे द्वारा मनुष्यों से मिल-जुल गए हैं... यह अनुशासन शिला स्तंभ पर खुदवाएं।'

(iii) **गुर्जरा का लघु शिलालेख**–सम्राट अशोक ने गुर्जरा के लघु शिला लेख में उत्कीर्ण किया है कि 'देवताओं के प्रिय प्रियदर्शी राजा अशोक का यह अनुशासन है कि अढ़ाई वर्ष से मैं उपासक हूं, परंतु एक वर्ष से अधिक हुआ, जब से मैं संघ में आया हूं... प्रवास के 256 दिन हो चुके थे।'

(iv) **गवीमठ, मोस्की और वैराट के शिलालेख** –सम्राट अशोक ने इन शिलालेखों में लिखा था कि 'देवताओं के प्रिय प्रियदर्शी राजा का कहना है कि अढ़ाई वर्ष से अधिक हुए कि मैं उपासक हुआ... कम-से... कम डेढ़ गुना विस्तार होगा।'

(v) **पाल्कीगुंडू का लघु शिलालेख**–इस शिलालेख में भी उपरोक्त बातें लिखी गई हैं, किंतु यह शिलालेख कई स्थानों से खंडित वाक्यांश में बदल गया है।

(vi) **ब्रह्मगिरी का लघु शिलालेख**–इस शिलालेख में लिखा है कि 'सुवर्णगिरी से आर्य पुत्र (कुमार) और महापात्रों की ओर से इसिला के महापात्रों को आरोग्य की शुभकामना कहना और यह सूचित करना कि देवताओं के प्रिय आज्ञा देते हैं कि अढ़ाई वर्ष से अधिक हुए... प्रवास के 256 दिन हो चुके थे। पहले लघु शिलालेख वाला ही अभिलेख इसके ऊपर अंकित है।'

इसके अलावा इस पर लिखा है–'और देवताओं के प्रिय ऐसा भी कहते हैं कि माता-पिता की सेवा करनी चाहिए। इसी प्रकार गुरुओं की भी सेवा करनी चाहिए। प्राणियों के गुणों को आचरण में लाना चाहिए। इसी प्रकार शिष्य को आचार्य का आदर करना चाहिए और अपने

जाति-भाइयों के प्रति उचित बरताव करना चाहिए। यही प्राचीन धर्म की रीति है। इससे आयु बढ़ती है। इसी के अनुसार मनुष्य को चलना चाहिए।' 'चपड़' नामक लिपिकार (लेखक) ने यह लेख लिखा।

(vii) **सिद्धपुर का लघु शिलालेख**–सम्राट अशोक इस शिलालेख में लिखते हैं कि 'सुवर्णगिरी से आर्यपुत्र... माता-पिता की सेवा करनी चाहिए आदि के अलावा इस पर लिखा है– सत्य बोलना चाहिए... धर्म के इन गुणों को... इसी प्रकार शिष्य को आचार्य का आदर करना चाहिए. .. यही प्राचीन धर्म की रीति है। इससे आयु बढ़ती है...।

(viii) **जटिंग-रामेश्वर का लघु शिलालेख**–इस लघु शिलालेख की कुछ पहली पंक्तियां और कुछ मध्य के वाक्यांश नष्टप्राय: हो चुके हैं, अन्यथा 'ब्रह्मगिरी के लघु शिलालेख' पर अंकित अभिलेख ही इस पर उत्कीर्ण है।

(ix) **येर्रागुड़ी का लघु शिलालेख**–अन्य लघु शिलालेखों के लेखों के अलावा इस पर अंकित है–'आप लोग देवताओं के प्रिय के कहने के अनुसार गजवाहकों, लेखकों, अश्ववाहकों, और ब्राह्मणों के आचार्य को आज्ञा दें कि अपने-अपने शिष्य को प्राचीन रीति के अनुसार शिक्षा दें। इस आदेश का पालन होना चाहिए। आचार्य की प्रतिष्ठा इसी में है। इसी प्रकार के आचरण की परिपाटी आचार्य के परिवार के पुरुषों द्वारा स्त्रियों में भी डाली जानी चाहिए। आचार्य को शिष्यों के प्रति उचित वयवहार करना चाहिए जैसी कि पुरानी रीति है। इसी प्रकार आप लोग अपने शिष्यों को उपदेश दें, जिससे कि इस धर्म के सिद्धांत की उन्नति और वृद्धि हो। यह देवताओं के प्रिय का आदेश है।'

(x) **कलकत्ता-वैराट का लघु शिलालेख**–यह शिलालेख महत्त्वपूर्ण है जिसमें लिखा है कि– 'मगध के राजा प्रियदर्शी संघ की अभिवादनपूर्वक कहते हैं और आशा करते हैं कि वे विघ्नरहित और सुखपूर्वक होंगे। हे भदंतगण! आपको विदित है कि बुद्ध, धर्म और संघ में हमारी कितनी भक्ति और श्रद्धा है। हे भदंतगण! जो कुछ भगवान बुद्ध ने कहा है, वो सब अच्छा कहा है, परंतु भदंतगण! मैं इसे अच्छा

समझता हूं कि इससे सधर्म चिर स्थायी रहेगा, अर्थात् अवश्य पढ़े जाने योग्य धर्म ग्रंथों के नाम यहां पर लिखता हूं, यथा-विनय समुकस अर्थात विनय का महत्व, अलियवसाणि (आर्य वंश) अर्थात आर्य जीवन, अनागतभयानि (अनागत भय) अर्थात आने वाला भय, मुनिगाथा अर्थात मुनियों का गान, मौनेयूसते (मौनेय सूत्र) अर्थात मुनियों के संबंध में उपदेश, उपतिसपसिने, (उपतिष्य प्रश्न) अर्थात उपतिष्य का प्रश्न, राहुलोवादे (राहुलवाद) अर्थात राहुल को उपदेश, जिसमें भगवान बुद्ध ने झूठ न बोलने के बारे में कहा है। हे भदंतगण! मैं चाहता हूं कि इन धर्मग्रंथें का बहुत से- भिक्षु और भिक्षुणियां बार-बार श्रवण करें और मन में धारण करें। इसी प्रकार उपासक तथा उपसिकाएं भी (सुनें और धारण करें), हे भदंतगण! इसलिए यह लेख लिखता हूं कि लोग मेरा अभिप्राय जानें।'

(xi) चतुर्दश शिलालेख–सम्राट अशोक के चतुर्दश शिलालेख गुजरात के सौराष्ट्र क्षेत्र के समीप गिरनार, उत्तरांचल में देहरादून के समीप कालसी, आंध्र प्रदेश में कुर्नूल के समीप येर्रागुडी, मानसेहरा और शाहबाजगढ़ी में हैं। महाराष्ट्र के सोपाश में केवल अष्टम् और नवम् शिलालेखों के कुछ टुकड़े ही पाए गए हैं।

उड़ीसा राज्य के धौली और जौगढ़ में प्रथम शिलालेख से दशम् शिलालेख तथा चतुर्दश शिलालेख मिले हैं, किंतु इन दोनों स्थानों पर एकादश से त्रयोदश शिलालेख के बजाय दो विशेष प्रकार के शिलालेख प्राप्त हुए हैं। इन्हें अतिरिक्त शिलालेख कहा जाता है। ये शिलालेख चट्टानों पर उत्कीर्ण किए गए हैं।

ब स्तंभ अभिलेख

अशोक के स्तंभ लेखों की संख्या सात है जो छः भिन्न स्थानों में पाषाण स्तंभों पर उत्कीर्ण पाये गये हैं। इन स्थानों के नाम हैं–

(i) दिल्ली तोपरा- यह स्तंभ लेख प्रारंभ में उत्तर प्रदेश के सहारनपुर जिले में पाया गया था। यह मध्ययुगीन सुल्तान फिरोजशाह

तुगलक द्वारा दिल्ली लाया गया। इस पर अशोक के सातों अभिलेख उत्कीर्ण हैं।

(ii) दिल्ली मेरठ- यह स्तंभ लेख भी पहले मेरठ में था जो बाद में फिरोजशाह द्वारा दिल्ली लाया गया।

(iii) लौरिया अरराज तथा लौरिया नंदगढ़- यह स्तंभ लेख बिहार राज्य के चम्पारण जिले में है।

प्रथम स्तंभ लेख–'देवताओं के प्रिय प्रियदर्शी राजा का कहना है कि राज्याभिषेक के छब्बीस वर्ष पश्चात मैंने यह धर्मलेख लिखवाया। अत्यंत धर्मानुराग के बिना, विशेष आत्मपरीक्षा के बिना, बड़ी सेवा के बिना, पाप से बड़े भय के बिना और महान उत्साह के बिना इस लोक और परलोक में सुख दुर्लभ है, पर मेरी शिक्षा से लोगों का धर्म के प्रति आदर और अनुराग दिन-पर-दिन बढ़ा है तथा आगे और भी बढ़ेगा।

मेरे पुरुष (राजकर्मचारी), चाहे वे ऊंचे पद पर हों या नीचे पद पर अथवा मध्यम पद पर, मेरी शिक्षा के अनुसार कार्य करते हैं और ऐसा उपाय करते हैं कि चंचल बुद्धि वाले (दुर्विनीति या पापी) लोग भी धर्म का आचरण करने के लिए प्रेरित हों। इसी तरह अंतः महापात्र भी आचरण करते हैं। धर्म के अनुसार आज्ञा पालन करना, धर्म के अनुसार कार्य करना, धर्म के अनुसार सुख देना और धर्म के अनुसार रक्षा करना यही विधि (शासन का सिद्धांत) है।'

द्वितीय स्तंभ लेख–देवताओं के प्रिय प्रियदर्शी राज का कहना है कि धर्म करना अच्छा है। पर धर्म क्या है? धर्म यही है कि पाप से दूर रहें, बहुत-से अच्छे काम करें। दया, दान, सत्य और शौच (पवित्रता) का पालन करें। मैंने कई प्रकार से चक्षु का दान या आध्यात्मिक दृष्टि का दान भी लोगों को दिया है। दोपायों, चौपायों, पक्षियों और जलचरों पर भी मैंने अनेक कृपा की है। मैंने उन्हें प्राणदान भी दिया है और भी बहुत-से कल्याण के कार्य मैंने किए हैं। यह लेख मैंने इसलिए लिखवाया है कि लोग इसके अनुसार आचरण करें और यह चिरस्थायी रहे जो मनुष्य इसके अनुसार आचरण करेगा, वह पुण्य का कार्य करेगा।

तृतीय स्तंभ लेख–'देवताओं के प्रिय प्रियदर्शी राजा का कहना है कि 'मनुष्य अपने अच्छे काम को ही देखता है और मन में कहता है–'मैंने यह अच्छा काम किया है।' पर वह अपने पाप को नहीं देखता और मन में नहीं कहता, 'यह पाप मैंने किया है या यह दोष मुझमें है।'

'इस प्रकार की आत्मपरीक्षा अत्यंत कठिन है, तथापि मनुष्य को यह देखना चाहिए कि क्रूरता, निष्ठुरता, क्रोध, मन और ईर्ष्या सब पाप के कारण हैं और इनके कारण मनुष्य अपना नाश न होने दे। इस बात की ओर विशेष रूप से ध्यान देना चाहिए कि इस मार्ग से मुझे इस लोक में सुख मिलेगा और इससे मेरा परलोक भी बनेगा।'

चतुर्थ स्तंभ लेख–'देवताओं के प्रिय प्रियदर्शी राजा का कहना है कि 'राज्याभिषेक के छब्बीस वर्ष पश्चात मैंने यह धर्म लेख लिखवाया। मेरे रज्जुक नाम के कर्मचारी लाखों मनुष्यों के ऊपर नियुक्त हैं। पुरस्कार और दंड देने का अधिकार मैंने उनके अधीन कर दिया है जिससे कि वे निश्चिंत और निर्भर होकर कर्तव्यपालन करें तथा लोगों के हित तथा सुख का ध्यान रखें और लोगों पर अनुग्रह करें। वे लोगों के सुख और दुख का कारण जानने का प्रयत्न करेंगे और धर्मशील पुरुषों के द्वारा लोगों को ऐसा उपदेश देंगे जिससे वे इस लोक और परलोक में दोनों जगह सुख प्राप्त करें। रज्जुक लोग भी मेरी आज्ञा का पालन करेंगे।

मेरे 'पुरुष' (राजकर्मचारी) भी मेरी इच्छा और आज्ञा के अनुसार काम करेंगे। वे भी कभी-कभी ऐसा उपदेश देंगे जिससे रज्जुक लोग मुझे प्रसन्न करने का प्रयत्न करें। जिस प्रकार कोई मनुष्य अपने बच्चे को निपुण धाय के हाथ सौंपकर निश्चिंत हो जाता है और सोचता है कि यह धाय मेरे बच्चे को सुख पहुंचाने की भरपूर चेष्टा करेगी, उसी प्रकार लोगों को मोहित और सुख पहुंचाने के लिए मैंने रज्जुक रखे हुए हैं। वे निर्भय, निश्चिंत और शांतचित्त होकर कार्य करें इसलिए मैंने पुरस्कार और दंड देने का अधिकार उनके अधीन कर दिया है। मैं चाहता हूं कि व्यवहार में तथा दंड देने में पक्षपात न हो, इसलिए आज से मेरी यह आज्ञा है कि कारागार में पड़े हुए जिन मनुष्यों को मृत्युदंड निश्चित हो

चुका है, उन्हें जीवन दान की मोहलत दी जाए। इस बीच जिन लोगों को मृत्युदंड मिला है, उनके जाति-परिवार वाले उनकी ओर से, उनके जीवन दान के लिए पुनर्विचार की प्रार्थना करेंगे अथवा वे अंतकाल तक ध्यान करते हुए परलोक के लिए दान देंगे या उपवास करेंगे। मेरी इच्छा है कि कारागार में रहने के समय भी दंड पाए लोग परलोक का चिंतन करें और अनेक प्रकार का धर्माचरण, संयम और दान करने की इच्छा लोगों में बढ़े।'

पंचम् स्तंभ लेख–देवताओं के प्रिय प्रियदर्शी राजा का कहना है कि राज्याभिषेक के छब्बीस वर्ष बाद मैंने निम्नलिखित प्राणियों का वध करना वर्जित कर दिया–सुग्गा (तोता), मैना, अरूण, चकोर, हंस, नांदीमुख, गेलाट, जतुका (चमगादड़), अंबाकपीलिका (दीमक), दुड़ि (कछुआ, सीही, पर्णशश, स्टमर (बारहसिंगा), सांड, ओकपिंड, पलसत (गैंडा), श्वेत कबूतर, गांव के कबूतर तथा सब प्रकार के चौपाए, जो न तो किसी प्रकार के उपयोग में आते हैं और न ही खाए जाते हैं।

गाभिन या दूध पिलाती हुई बकरी, भेड़ी, सुअरी तथा उनके बच्चों को, जो छः महीने तक के हों, नहीं मारना चाहिए। मुर्गे को बधिया नहीं करना चाहिए। अनर्थ करने के लिए या प्राणियों की हिंसा करने के लिए वन में आग नहीं लगानी चाहिए। एक जीव को मारकर दूसरे जीव को नहीं खिलाना चाहिए।

प्रति चार-चार महीने की तीन ऋतुओं की तीन पूर्णमासी के दिन, चतुर्दशी, अमावस्या और प्रतिपदा के दिन तथा प्रत्येक उपवास के दिन मछली न तो मारनी चाहिए और न बेचनी चाहिए। इन सब दिनों में हाथियों के वन में तथा तालाब में कोई दूसरे प्रकार के जीव नहीं मारने चाहिए।

प्रत्येक पक्ष की अष्टमी, चतुर्दशी, अमावस्या या पूर्णिमा तथा पुष्य और पुनर्वसु नक्षत्र के दिन, तीन चतुर्मासी के दिन तथा त्योहार के दिन बैल को बधिया नहीं करना चाहिए। बकरा, भेड़ा, सुअर और इसी प्रकार के दूसरे प्राणियों को, जो बधिया किए जाते हैं, बधिया नहीं करना चाहिए।

पुश्य और पुनर्वसु नक्षत्र के दिन, प्रत्येक चातुर्मास्य की पूर्णिमा के

दिन और प्रत्येक चातुर्मास्य के शुक्ल पक्ष में घोड़े और बैल को नहीं दागना चाहिए। राज्याभिषेक के बाद छब्बीस वर्षों के अंदर पच्चीस बार मैंने कारागार से बंदियों को मुक्त किया है।'

षष्ठम् स्तंभ लेख–'देवताओं के प्रिय प्रियदर्शी राजा का कहना है कि राज्याभिषेक के बारह वर्ष बाद मैंने यह धर्मलेख लोगों के सुख और हित के लिए लिखवाया, जिससे कि वे पाप के मार्ग को त्यागकर भिन्न-भिन्न प्रकार से धर्म की वृद्धि करें। इसी प्रकार मैं लोगों के हित और सुख को लक्ष्य रखकर यह देखता हूं कि न केवल मेरी जाति के लोग और पास के लोग भी किस प्रकार सुखी रह सकते हैं।

इसी उद्देश्य के अनुसार मैं कार्य करता हूं। इसी प्रकार सभी समाजों के हित और सुख को मैं ध्यान में रखता हूं। मैंने सभी संप्रदायों का भी विविध प्रकार से सत्कार किया है, किंतु अपने आप स्वयं लोगों के पास जाना, यह मैं अपना मुख्य कर्तव्य मानता हूं।'

दक्षिण बिहार के गया जिले में स्थित बराबर नामक तीन गुफाओं की दीवारों पर अशोक के लेख उत्कीर्ण प्राप्त हुए हैं। इन सभी की भाषा प्राकृत तथा लिपि ब्राह्मी है। केवल दो अभिलेखों शाहबाजगढ़ी तथा मानसेहरा की लिपि ब्राह्मी न होकर खरोष्ठी है। यह लिपि दायीं से बायीं और लिखी जाती है।

तक्षशिला से आरमेई लिपि में लिखा गया एक भग्न अभिलेख कंधार के पास शारे-कुना नामक स्थान से यूनानी तथा आरमेई द्विभाषीय अभिलेख प्राप्त हुआ है।

लघु स्तम्भ-अभिलेख

(i) सांची का लघु स्तंभ लेख–यह धर्मलेख सांची में नियुक्त महापात्रों को संबोधित करके लिखा गया है। इस लेख के प्रारंभ का भाग टूटा हुआ है।

'संघ में फूट नहीं डालनी चाहिए। भिक्षु तथा भिक्षुणी दोनों का संघ, जब तक सूर्य और चंद्रमा है और जब तक मेरे पुत्र तथा पोते-परपोते

राज्य करेंगे, तब तक एक रहेगा। जो कोई भिक्षु या भिक्षुणी संघ में फूट डालेगा, उसे श्वेत वस्त्र पहनाकर उस स्थान पर छोड़ दिया जाएगा, जो भिक्षु या भिक्षुणी के लिए उचित नहीं है क्योंकि मेरी इच्छा है कि संघ एक और चिर स्थायी रहे।

(ii) सारनाथ का लघु स्तंभ लेख–यह लेख सारनाथ में नियुक्त महापात्रों को संबोधित करके लिखा गया है। इसका प्रारंभिक भाग टूटा हुआ है जिसमें लिखा है कि 'देवताओं के प्रिय... पाटलिपुत्र में... कोई संघ में फूट न डाले। जो कोई, चाहे भिक्षु हो या भिक्षुणी, संघ में फूट डालेगा, उसे श्वेत वस्त्र पहनाकर उस स्थान पर छोड़ दिया जाएगा, जो भिक्षु या भिक्षुणी के लिए उचित नहीं है (अर्थात वह भिक्षु समाज से बहिष्कृत कर दिया जाएगा। इस प्रकार मेरी यह आज्ञा भिक्षु संघ और भिक्षुणी संघ को बता दी जाए।

देवताओं के प्रिय प्रियदर्शी राजा का कहना है कि इस प्रकार का लेख आप लोगों के पास आपके कार्यालय में रहे और ऐसा ही एक लेख आप लोग उपासकों के पास रख दें। उपासक लोग हर उपवास के दिन इस आज्ञा पर अपना विश्वास दृढ़ करने के लिए आएं। निश्चित रूप से हर उपवास के दिन प्रत्येक महापात्र इस आज्ञा पर अपना विश्वास जमाने तथा इसका प्रचार करने के लिए प्रवास व्रत में शामिल हों। जहां-जहां आप लोगों का अधिकार हो, वहां-वहां आप सर्वत्र इस आज्ञा के अनुसार प्रचार करें। इसी प्रकार आप लोग सब कोटों (किलों) और विषयों (प्रांतों) में भी अधिकारियों को इस आज्ञा के अनुसार प्रचार करने के लिए भेजें।

लघु स्तंभ अभिलेख

सांची- मध्य प्रदेश
सारनाथ- वाराणसी
रुम्मिनदेई- नेपाल
कौशाम्बी- इलाहाबाद
निग्लीवा- नेपाल
ब्रह्मगिरि- मैसूर
सिद्धपुर- ब्रह्मगिरि
जतिंग रामेश्वर- ब्रह्मगिरि
एरागुडि- आन्ध्र प्रदेश
गोविमठ-मैसूर
पालकिगुण्क-गोविमठ
राजूल मंडागिरि- आन्ध्र प्रदेश
अहरौरा- उत्तर प्रदेश
सारो-मारो- मध्य प्रदेश
नेतुर- मैसूर

(iii) रुम्मिनदेई का लघु स्तंभ लेख–'देवताओं के प्रिय प्रियदर्शी राजा ने राज्याभिषेक के बीस वर्ष पश्चात स्वयं इस स्थान की पूजा की, क्योंकि यहां शाक्यमुनि बुद्ध का जन्म हुआ था। यहां पत्थर की एक प्राचीर (दीवार) बनवाई गई और पत्थर का ही एक स्तंभ खड़ा किया गया।

भगवान बुद्ध यहां जन्मे थे, इसलिए लुंबिनी ग्राम को कर से मुक्त कर दिया गया और पैदावार का आठवां भाग भी, जो राजा का हक था, उसी ग्राम को दे दिया गया।'

(iv) निग्लीव का लघु स्तंभ लेख–'देवताओं के प्रिय प्रियदर्शी राजा ने राज्याभिषेक के चौदह वर्ष बाद कानकमुनि बुद्ध के स्तूप की लंबाई बढ़ाकर दुगनी कर दी और राज्याभिषेक के बीस वर्ष पश्चात स्वयं यहां आकर इस स्तूप की पूजा की तथा एक शिला स्तंभ भी खड़ा किया।

इस प्रकार स्पष्टतः प्रियदर्शी अशोक के अभिलेख बौद्ध धर्म के सिद्धांतों को तो प्रकट करते ही हैं, साथ ही इनसे सम्राट के चारित्रक गुणों का भी आभास मिलता है।'

गुहा-अभिलेख

गुफाओं में पाए जाने वाले ये तीन प्रमुख गुहा लेख इस प्रकार हैं–

प्रथम गुहा लेख–देवताओं के प्रिय प्रियदर्शी राजा ने राज्याभिषेक के बारह वर्ष पश्चात यह न्यग्रोध गुफा आजीविकों को दी।

द्वितीय गुहा लेख–देवताओं के प्रिय प्रियदर्शी राजा ने राज्याभिषेक के बारह वर्ष बाद यह गुफा वर्षाकाल में (बाढ़ के पानी से बचाव के लिए) आजीविकों को दी।

गुहा वास्तु भारतीय प्राचीन वास्तुकला का एक बहुत ही सुन्दर नमूना है। अशोक के शासनकाल से गुहाओं का उपयोग आवास के रूप में होने लगा था। गया के निकट बाराबर पहाड़ी पर ऐसी अनेक गुफाएं विद्यमान हैं, जिन्हें सम्राट अशोक ने आवास योग्य बनवाकर आजीवकों को दे दिया करते थे। अशोककालीन गुहायें सादे कमरों के रूप में होती थीं, लेकिन बाद में उन्हें आवास एवं उपासनागृह के रूप में स्तंभों एवं

मूर्तियों से अलंकृत किया जाने लगा। यह कार्य विशेष रूप से बौद्धों द्वारा किया गया।

शिलालेखों और स्तंभलेखों के अलावा अशोक के तीन संक्षिप्त गुहालेख भी मिलते हैं। गया या बुद्धगया के पास 'बाराबर' नाम की पहाड़ी पर चार कृत्रिम गुफाएं हैं। प्राचीन काल में यह पहाड़ी खलतिक पर्वत के नाम से जानी जाती थी। उपर्युक्त चार गुफाओं में से तीन में अशोक के संक्षिप्त लेख खुदे हुए हैं। इन लेखों से पता चलता है कि अशोक ने आजीविक संप्रदाय के भिक्षुओं के लिए इन गुफाओं का निर्माण करवाया था। इन गुफाओं के पास की चौथी गुफा में मौखरि राजा अनंतवर्मन (छठी शताब्दी ई.) का एक शिलालेख है। इसी पहाड़ी पर, परंतु इन गुफाओं से लगभग एक मील दूर, नागार्जुन पहाड़ी पर तीन गुफाएं और हैं। इनमें अशोक के पोते 'देवानांप्रिय' दशरथ के लेख हैं। ये गुफाएं भी आजीविक संप्रदाय के भिक्षुओं के लिए बनाई गई थीं।

31

गिरनार शिलालेख

सम्राट अशोक ने गिरनार पर्वत पर अनेक शिलालेख उत्कीर्ण करवाये थे जिनका विवरण इस प्रकार है–

प्रथम शिलालेख– उन्होंने अपने राज्य में किसी भी जीव की हत्या नहीं करने की घोषणा की– 'यह धर्मलेख देवताओं के प्रियदर्शी राजा अशोक ने लिखवाया है। यहां (मेरे राज्य में) कोई जीव मारकर होम न किया जाए और सामाजिक कार्य (मेला, उत्सव या गोष्ठी) जिसमें हिंसा की जाती हो, न किया जाए क्योंकि देवताओं के लिए प्रिय राजा समाज (मेले, उत्सव) में बहुत से दोष देखते हैं... परंतु एक सम्राट के ऐसे समाज (मेले, उत्सव) हैं, जिन्हें देवताओं के प्रिय प्रियदर्शी राजा अच्छा समझते हैं।

पहले देवताओं के प्रिय प्रियदर्शी राजा की पाकशाला में प्रतिदिन कई हजार जीव सूप (शोरबा) बनाने के लिए मारे जाते थे, परंतु अब जब यह धर्मलेख लिखा जा रहा है, केवल तीन जीव ही प्रतिदिन मारे जाते हैं–जिनमें दो मोर और एक मृग हैं, परंतु मृग का मारा जाना निश्चित नहीं है। ये तीन प्राणी भी भविष्य में नहीं मारे जाएंगे।'

द्वितीय शिलालेख– सम्राट अशोक ने मनुष्यों और पशुओं के लिए अलग-अलग चिकित्सा और औषधियों का प्रबन्ध किया गया है। रास्तों

पर मनुष्यों और पशुओं के आराम के लिए कुएं खुदवाए और वृक्ष लगवाए इसमें लिखा है कि– 'देवताओं के प्रिय प्रियदर्शी राजा के राज्य में सब जगह और जो सीमावर्ती राज्य हैं, जैसे– चोल, पांडय, सत्यपुत्र, केरलपुत्र, ताम्रवर्णी (श्रीलंका) तक और अंतियोक नामक पवनराज और जो उस अंतियोक के पड़ोसी राज्य हैं, उन सबके देशों में देवताओं के प्रिय प्रियदर्शी राजा ने दो प्रकार की चिकित्सा का प्रबंध किया है–एक मनुष्यों की चिकित्सा के लिए और दूसरा पशुओं की चिकित्सा के लिए। औषधियां भी मनुष्यों और पशुओं के लिए जहां-जहां नहीं थीं, वहां-वहां लाई और रोपी गई हैं। इसी प्रकार मूल और फल भी जहां-जहां नहीं थे, वहां-वहां सब जगह और रोपे गए हैं। मार्गों में मनुष्यों और पशुओं के आराम के लिए कुएं खुदवाए गए हैं और वृक्ष लगाए गए हैं।'

तृतीय शिलालेख–माता-पिता की सेवा करना, दान देना, जीव हत्या न करें, थोड़ा व्यय और थोड़ी बचत करने पर इस शिलालेख में बल दिया गया है– 'देवताओं के प्रिय प्रियदर्शी राजा का कहना है कि राज्याभिषेक के बारह वर्ष पश्चात मैंने यह आज्ञा दी कि मेरे राज्य में सब जगह युक्त, रज्जुक और प्रादेशिक नामक राजकर्मचारी पांच-पांच वर्ष पर इसी कार्य के लिए अर्थात धर्म की शिक्षा देने के लिए तथा अन्य कार्यों के लिए यह प्रचार करते हुए दौरा करें–

'माता-पिता की सेवा करना अच्छा है। मित्र, परिचित, स्वजाति बांधव, ब्राह्मण और श्रमण को दान देना अच्छा है। जीव हिंसा न करना अच्छा है। थोड़ा व्यय करना और थोड़ा संचय करना अच्छा है।'

(अमात्यों की) परिषद भी युक्त नामक कर्मचारियों को आज्ञा देगी कि वे इन नियमों का पूर्ण रूप से पालन करें।

चतुर्थ शिलालेख– धर्म के अनुशासन को महत्त्वपूर्ण बताते हुए इस शिलालेख में कहा गया है कि– 'अतीत में कई सौ वर्षों से प्राणियों का वध, जीवों की हिंसा, बंधुओं का अनादर और श्रमणों तथा ब्राह्मणों का अनादर बढ़ता ही गया किंतु देवताओं के प्रिय प्रियदर्शी राजा के धर्माचरण से भेरीघोष (युद्ध का) अब धर्मघोष में बदल गया है। देव-विमान हाथी, (नरक-सूचक) अग्नि की ज्वाला और अन्य दिव्य दृश्यों के प्रदर्शनों द्वारा जैसा पहले कई सौ वर्षों से नहीं हुआ था, वैसा

अब देवताओं के प्रिय प्रियदर्शी राजा के धर्मानुशासन से प्राणियों के प्रति अहिंसा जीवों की सेवा तथा बड़े-बूढ़ों की सेवा में वृद्धि हो गई है। इसके अलावा अन्य प्रकार का धर्माचरण बढ़ा है।

इस धर्माचरण को देवताओं के प्रिय प्रियदर्शी राजा और भी बढ़ाएंगे। राजा के पुत्र, परनाती इस धर्माचरण को कल्प के अंत तक बढ़ाते रहेंगे और धर्म तथा शील का पालन करते हुए धर्म के अनुशासन का प्रचार करते रहेंगे, क्योंकि धर्म का अनुशासन ही श्रेष्ठ कार्य है। जो शीलवान नहीं है, वह धर्म का आचरण भी नहीं कर सकता, इसलिए इसकी (धर्माचरण की) वृद्धि करना तथा इसकी हानि न होने देना अच्छा है। इसी उद्देश्य से यह शिलालेख लिखा गया है।

राज्याभिषेक के बारह वर्ष पश्चात देवताओं के प्रिय प्रियदर्शी राजा ने यह शिलालेख लिखवाया था।

पंचम शिलालेख–'महापात्र' अच्छे कार्यों को करने के लिए प्रेरित करेंगे और लोभ लालसा को दूर के बारे में इस शिलालेख में इस प्रकार लिखा है– 'देवताओं के प्रिय प्रियदर्शी राजा का कहना है कि अच्छा काम करना कठिन है। जो व्यक्ति अच्छा काम करने में लग जाता है, वह कठिन काम करता है, पर मैंने बहुत से अच्छे काम किए हैं इसलिए यदि मेरे पुत्र, पोते और उनके बाद जो संतानें होंगी, वे सब कल्प के अंत तक वैसा अनुसरण करेंगे तो पुण्य करेंगे क्योंकि पाप करना सरल है।

पूर्वकाल में धर्म महापात्र नामक राजकर्मचारी नहीं होते थे, पर मैंने अपने राज्याभिषेक के तेरह वर्ष बाद धर्म महापात्र नियुक्त किए। ये धर्म महापात्र सभी संप्रदायों के बीच धर्म में रत लोगों के तथा यवन, कांबोज, गांधार, राष्ट्रिक, पीतिनिक और पश्चिमी सीमा पर रहने वाली जातियों में धर्म की स्थापना, धर्म की वृद्धि तथा लोगों के हित और सुख के लिए नियुक्त हैं। वे स्वामी और सेवकों के बीच, हित और सुख के लिए तथा जो धर्माचरण में लगे हुए हैं, उनके हित और सुख के लिए तथा सांसारिक लोभ और लालसा से उनको मुक्त कराने के लिए नियुक्त हैं।'

वे अन्यायपूर्ण वध और बंधन को रोकने के लिए तथा उन लोगों को ध्यान में रखने के लिए नियुक्त हैं, जो बड़े परिवार वाले हैं अथवा भूत-प्रेत आदि की बाधा से पीड़ित हैं या बहुत बूढ़े हैं। ये धर्म महापात्र

यह देखने के लिए नियुक्त हैं कि धर्म का आचरण... इस उद्देश्य से यह धर्मलेख लिखा गया...।'

षष्ठम् शिलालेख–सभी लोगों का हित करना सम्राट अशोक अपना प्रथम कर्तव्य समझते थे। उनका लोगों का हित करने से बढ़कर और कोई कार्य नहीं है। इसलिए उन्होंने लिखा है कि– 'देवताओं के प्रिय प्रियदर्शी राजा का कहना है कि अतीत काल में पहले बराबर हर समय राज्य का कार्य नहीं होता था और न हर समय प्रतिवेदकों से समाचार ही सुना जाता था, इसलिए मैंने यह प्रबंध किया कि हर समय चाहे मैं खाता होऊं अथवा अंत:पुर में रहूं या गर्भागार में रहूं या टहलता रहूं या सवारी पर होऊं या कूच कर रहा होऊं, सभी जगह किसी भी समय पर प्रतिवेदक अपना हाल मुझे सुनाएं।

मैं प्रजा का काम सभी जगह करता हूं, यदि मैं स्वयं अपने मुंह से आज्ञा दूं कि (अमुक) दान दिया जाए, (अमुक) काम किया जाए या महापात्रों को कई आवश्यक आज्ञा दी जाए और यदि उस विषय में उनमें कोई विवाद उत्पन्न हो या मंत्रिपरिषद उसे अस्वीकार करे तो मैंने आज्ञा दी है कि तुरंत ही हर घड़ी और हर जगह मुझे सूचित किया जाए। मैं कितना ही परिश्रम करूं और कितना ही राजकार्य करूं, मुझे संतोष नहीं होता। सब लोगों का हित करना मैं अपना प्रथम कर्तव्य समझता हूं और सभी लोगों का हित करने से बढ़कर और कोई कार्य नहीं है।

जो कुछ पराक्रम मैं करता हूं, वह इसलिए कि प्राणियों के प्रति जो मेरा ऋण है, उससे उऋण हो जाऊं और इस लोक में लोगों को सुखी करूं तथा परलोक में उन्हें स्वर्ग का लाभ कराऊं।'

यह धर्मलेख इसलिए लिखवाया गया है कि यह चिरस्थिर रहे और मेरे पुत्र, पोते तथा परपोते लोगों के हितों के लिए पराक्रम करें, पर बहुत अधिक पराक्रम के बिना यह कार्य कठिन है।'

सप्तम् शिलालेख–इस शिलालेख में अशोक ने संप्रदायों के लोगों को एक साथ निवास करने का आवाहन किया है, क्योंकि सभी संप्रदाय संयम और चित्त की शुद्धि चाहते हैं– 'देवताओं के प्रिय प्रियदर्शी राजा कहते हैं कि सभी जगह सभी संप्रदायों के लोग एक साथ निवास करें, क्योंकि सभी संप्रदाय संयम और चित्त की शुद्धि चाहते हैं, परंतु

भिन्न-भिन्न मनुष्यों की प्रवृत्ति, रुचि अच्छी या बुरी, ऊंची-नीची होती है। वे या तो संपूर्ण रूप से या केवल एक अंश में अपने धर्म का पालन करेंगे, किंतु जो बहुत अधिक दान नहीं कर सकता, उसमें कम-से-कम संयम, चित्तशुद्धि, कृतज्ञता और दृढ़ भक्ति का होना नितांत आवश्यक है।'

अष्टम् शिलालेख–सम्राट अशोक इस शिलालेख में शिकार की जगह धर्म यात्राओं का प्रारम्भ करने की बात कही है। 'अतीत काल में राजा लोग विहार यात्रा के लिए निकलते थे। इन यात्राओं में मृगया (शिकार) और इसी प्रकार के आमोद-प्रमोद होते थे, परंतु देवताओं के प्रिय प्रियदर्शी राजा के राज्याभिषेक के दस वर्ष पश्चात जब से संबोधित (ज्ञान प्राप्ति के मार्ग) का अनुसरण किया, तब से धर्म यात्राओं का प्रारंभ हुआ। इन धर्म यात्राओं में यह होता है–ब्राह्मणों और श्रमणों का दर्शन करना और उन्हें दान देना, वृद्धों का दर्शन करना और उन्हें स्वर्ण दान देना, ग्रामवासियों के पास जाकर धर्म का उपदेश देना और धर्म संबंधी चर्चा करना। उस समय के अन्य मौज-मस्ती के कार्यों के स्थान पर इसी धर्म यात्रा में देवताओं के प्रिय प्रियदर्शी राजा बारंबार आनंद लेते हैं।'

नवम् शिलालेख–अशोक ने इसमें अच्छे कार्यों को करने के लिए मित्र, संबंधी और सहायक को प्रेरित करने की कोशिश की है–'देवताओं के प्रिय प्रियदर्शी राजा का कहना है कि लोग विपत्ति में पुत्र तथा कन्या के विवाह में, पुत्र के जन्म में, परदेस में जाते समय और इसी तरह के दूसरे अवसरों पर अनेक प्रकार के बहुत से ऊंचे और नीचे मंगलाचार करती हैं ऐसे अवसरों पर स्त्रियां अनेक प्रकार के तुच्छ और निरर्थक मंगलाचार करते हैं मंगलाचार करना ही चाहिए, किंतु इस प्रकार के मंगलाचार अल्प फल प्रदान करने वाले होते हैं, परंतु धर्म का जो मंगलाचार है, वह माहफल देने वाला होता है। इस धर्म के मंगलाचार में दास और सेवकों के प्रति उचित व्यवहार, गुरुओं का आदर, प्राणियों के प्रति अहिंसा और ब्राह्मणों तथा श्रमणों को दान तथा इसी प्रकार के दूसरे मंगल कार्य होते हैं। इसलिए पिता, पुत्र, भाई या स्वामी को कहना चाहिए–'यह मंगलाचार अच्छा है। इसे तब तक करना चाहिए, जब तक कि अभीष्ट कार्य सिद्ध न हो जाए।'

यह भी कहा गया है कि दान देना अच्छा है, किंतु कोई दान या

उपकार ऐसा नहीं है, जैसा कि धर्म का दान या धर्म का उपकार है, इसलिए सुहृद बंधु, कुटुंबी और सहायक को अमुक-अमुक अवसर पर अपने मित्र, बंधु आदि से कहना चाहिए-'अमुक कार्य अच्छा है, अमुक कार्य करना चाहिए, अमुक कार्य करने से स्वर्ग की प्राप्ति होती है, और स्वर्ग की प्राप्ति से बढ़कर इष्ट वस्तु क्या है?'

दशम् शिलालेख–बड़ा कार्य किये बिना कोई भी मनुष्य प्रसिद्धि प्राप्त नहीं कर सकता। इसलिए अशोक ने इसमें लिखा है कि– 'देवताओं के प्रियदर्शी राजा यश या कीर्ति को बड़ी वस्तु नहीं समझते। जो कुछ भी यश या कीर्ति वे चाहते हैं सो इसलिए कि वर्तमान में और भविष्य में मेरी प्रजा धर्म की सेवा करने और धर्म का पालन करने में उत्साहित हो। केवल इसलिए देवताओं के प्रियदर्शी राजा यश और कीर्ति चाहते हैं।

देवताओं के प्रिय प्रियदर्शी राजा जो भी पराक्रम करते हैं, वह सब परलोक के लिए करते हैं, जिससे कि सब लोग दोष से रहित हो जाएं जो अपुण्य है, वही दोष है। सब कुछ तजकर बड़ा पराक्रम किए बिना कोई भी मनुष्य, चाहे वह छोटा हो या बड़ा, इस (पुण्य) कार्य को नहीं कर सकता। बड़े आदमी के लिए तो यह और भी कठिन है।'

एकादश शिलालेख–सम्राट अशोक ने इसमें दास, सेवक, मित्र व पड़ोसियों के साथ अच्छा व्यवहार करने की राजाज्ञाएं अंकित कराई हैं– देवताओं के प्रिय प्रियदर्शी राजा का कहना है कि कोई ऐसा दान नहीं, जैसा कि धर्म का दान है। कोई ऐसी मित्रता नहीं जैसी कि मर्ध के द्वारा मित्रता है। कोई ऐसा बंटवारा नहीं, जैसा कि धर्म का बंटवारा है। कोई ऐसा संबंध नहीं, जैसा कि धर्म का संबंध है। धर्म में यह होता है कि दास और सेवक के साथ उचित व्यवहार किया जाए, माता-पिता की सेवा की जाए, मित्र-परिचित, स्वजातिजनों और पड़ोसियों को भी यह कहना चाहिए-'यह अच्छा कार्य है, इसे करना चाहिए।'

जो ऐसा करता है, वह इस लोक को सिद्ध करता है और परलोक में भी उस धर्मदान से अनंत पुण्य का भागी होता है।'

द्वादश शिलालेख–इसमें दूसरे संप्रदाय का आदर करने की राजाज्ञाएं उत्कीर्ण हैं। देवताओं के प्रिय प्रियदर्शी राजा विविध दान और पूजा से गृहस्थ और संन्यासी सब संप्रदाय वालों को स्वागत करते हैं, किंतु

देवताओं के प्रिय दान या पूजा की इतनी परवाह नहीं करते, जितनी इस बात की कि सब संप्रदायों के सार की वृद्धि हो। संप्रदायों के सार की वृद्धि कई प्रकार से होती है, पर उसकी जड़ वाक्-संयम है अर्थात लोग केवल अपने ही संप्रदाय का आदर और बिना अवसर दूसरे संप्रदाय की निंदा न करें या विशेष अवसर पर निंदा भी हो तो संयम के साथ।

हर दशा में दूसरे संप्रदाय का आदर करना ही चाहिए। ऐसा करने से मनुष्य अपने संप्रदाय की उन्नति और दूसरे संप्रदाय का उपकार करता है, इसके विपरीत जो करता है, वह अपने संप्रदाय की जड़ काटता है। जो कोई अपने संप्रदाय की भक्ति में आकर इस विचार से कि मेरे संप्रदाय का गौरव बढ़े अपने संप्रदाय की प्रशंसा करता है और दूसरे संप्रदायों की निंदा करता है, वह ऐसा करके वास्तव में अपने संप्रदाय को ही गहरी क्षति पहुंचाता है। इसलिए परस्पर मेल-जोल से रहना ही अच्छा है।'

देवताओं के प्रिय प्रियदर्शी राजा की इच्छा थी कि सभी संप्रदाय वाले बहुश्रुत तथा कल्याणकारक ज्ञान से युक्त हों। इसलिए जो लोग अपने-अपने संप्रदाय में ही अनुरक्त हैं, उनसे कहना चाहिए कि देवताओं के प्रिय दान या पूजा को इतना बड़ा नहीं समझते, जितना इस बात को कि सब संप्रदायों के सार की वृद्धि हो। इस कार्य के निमित्त बहुत-से धर्म महापात्र, स्त्री महापात्र तथा अन्य इसी प्रकार के राजकर्मचारी नियुक्त हैं। इसका फल यह है कि अपने संप्रदाय की उन्नति होती है और धर्म का गौरव बढ़ता है।'

त्रयोदश शिलालेख–इस शिलालेख में कलिंग युद्ध का वर्णन लिखा है– 'एक लाख लोग (कलिंग युद्ध में) मारे गए और इससे कई गुना महामारी आदि रोगों से मरे। उसके बाद अब जबकि कलिंग देश मिल गया है... लोगों की हत्या, मृत्यु और देश-निष्कासन से... देवताओं के प्रिय प्रियदर्शी राजा को बहुत दुख और खेद हुआ... ब्राह्मण श्रमण तथा अन्य... मित्र, परिचित, सहायक, जाति, दास... विपत्ति में पड़ जाते हैं, उन्हें भी इस कारण पीड़ा होती है। यह विपत्ति सबके हिस्से में पड़ती है... यवनों के सिवा जो वर्ग... जहां मनुष्य एक-न-एक संप्रदाय को मानते हों... उस समय जितने आदमी... हजारवें हिस्से का नाश भी देवताओं के प्रिय के दुख का कारण होगा... क्षमा के योग्य... सब प्राणियों की

अहिंसा, संयम सभी के साथ समान व्यवहार तथा नम्रता... देवताओं के प्रिय ने प्राप्त की है। जहां... यवन राजा (अंतियोक) और उस अंतियोक के परेचार राजा अर्थात तुरमाय, अंतेकेनि, मगा,... यहां राजा के राज्य में... यवनों में, कांबोजों में... आंध्रों में, पुलिंदों में सब जगह लोग देवताओं के प्रिय के धर्मानुशासन का अनुसरण करते हैं जहां दूत... धर्मानुशासन (सुनकर) धर्म का आचरण करते हैं... यह विजय सर्वत्र आनंद देने वाली है। यह आनंद धर्म की विजय से प्राप्त हुआ है.... देवताओं के प्रिय इस अभिप्राय से यह धर्मलेख... नया देश विजय करना अपना कर्तव्य न समझें। यदि कभी वे विजय करना चाहें तो क्षमा को... यह लोक और परलोक दोनों जगह... यह लोक और परलोक...।'

चतुर्दश शिलालेख–'अशोक का राज्य बहुत बड़ा था इसलिए बहुत से लेख लिखवाये गये थे। इन लेखों में जो कुछ अपूर्ण लिखा गया हो, उसके कारणों को इसमें दर्शाया गया है– 'यह धर्मलेख देवताओं के प्रिय प्रियदर्शी राजा ने लिखवाए हैं। यह लेख कहीं संक्षेप में और कहीं विस्तृत रूप में हैं, क्योंकि सभी जगह के लिए सभी बातें लागू नहीं होतीं।

मेरा राज्य बहुत विस्तृत है इसलिए बहुत से-लेख लिखवाए गए हैं और बहुत से लगातार लिखवाए जाएंगे। कहीं-कहीं विषय की रोचकता के कारण एक ही बात बार-बार कही गई है जिससे कि लोग उसके अनुसार आचरण करें। इन लेखों में जो कुछ अपूर्ण लिखा गया हो, उसका कारण देश-भेद, संक्षिप्त लेख या लिखने वाले की गलती समझनी चाहिए।'

हम कुछ उदाहरण आपके सामने प्रस्तुत कर रहे हैं जैसे–गिरनार का प्रथम शिलालेख :-

लिप्यांतर

i. इयं धंमलिपि देवानंप्रियेन

ii. प्रियदसिना राजा लेखापिता (i), इध न किं

iii. चि जीवं आरभित्पा प्रजूहितव्यं (i),

iv. न च समाजो कतव्यो (i), बहुकं हि दोसं

v. समाजम्हि पसति देवानंप्रियो प्रियदसि राजा (i),

vi. अस्ति पि तु एकचा समाजा साधुमता देवानं

vii. प्रियस प्रियदसिनो (रात्रों), पुरा महानसम्हि

viii. देवानंप्रियस प्रियदसिनो (रञ्ञों), अनुदिवसं ब

ix. हूनि प्राणसतसहस्त्रानि आरभिसु सूपाथाय (i),

x. से अज यदा अयं धंमलिपि लिखिता ती एव प्रा

xi. णा आरभरे सूपाथाय द्वो मोरा एको मगो सो पि

xii. मगो न ध्रुवो (i), एते पित्री प्राणा पछा न आरभिसरे (ii),

अर्थ

i. यह धर्मलिपि देवताओं के प्रिय

ii. प्रियदर्शी राजा ने लिखवाई। यहां (मेरे साम्राज्य में)

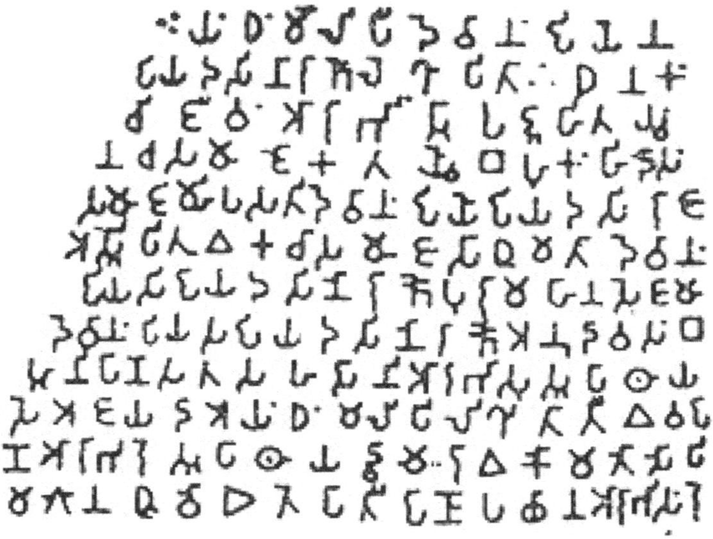

iii. कोई जीव मारकर हवन न किया जाए।

iv. और न समाज (आमोद-प्रमोद वाला उत्सव) किया जाए।

v. क्योंकि समाज में देवताओं का प्रिय प्रियदर्शी राजा देखता है।

vi. (परंतु) एक प्रकार के (ऐसे) समाज भी हैं जो देवताओं के

vii. प्रिय प्रियदर्शी राजा के मत में साधु हैं। पहले पाकशाला में-

viii. देवताओं के प्रिय प्रियदर्शी राजा की – प्रतिदिन कई

ix. लाख प्राणी सूप के लिए मारे जाते थे।

x. किंतु आज जब यह धर्मलिपि लिखाई गई, तीन ही प्राणी

xi. मारे जाते- दो मयूर तथा एक मृग। और वह भी

xii. मृग निश्चित नहीं। ये तीन प्राणी भी बाद में नहीं मारे जाएंगे।

गिरनार का द्वितीय शिलालेख

लिप्यंतर

i. सर्वत विजितम्हि देवानंप्रियस पियदसिनो रात्रो

ii. एवमपि प्रचंतेषु यथा चोडा पाडा सतियपुतो केतलपुतो आ तंब-

iii. पंणी अंतियको योनराजा ये वा पि तस अंतियकस सामीपं

iv. राजानो सर्वत्र देवानंप्रियस प्रियदसिनो रात्रो द्वे चिकीछ कता.

v. मनुसचिकीछा च पसुचिकीछा च, ओसुढानि च यानि मनुसोपगानि च.

vi. पसोपगानि च यत यत नास्ति सर्वत हारापितानी च रोपापितानि च .

vii. मूलानि च फलानि च यत तत्र नास्ति सर्वत हारापितानी च रोपापितानि च.

viii. पंथेसू कूपा च खानापिता व्रछा च रोपापिता परिभोगाय पसुमनुसानं

अर्थात

i. देवताओं के प्रिय प्रियदर्शी राजा ने अपने राज्य में सब जगह और

ii. सीमावर्ती राज्य- चोड़, पांड्य, सतियपुत्र, केरलपुत्र तथा ताम्रपर्णी (श्रीलंका)- तक

iii. और अंतियोक यवनराज तथा उस अंतियोक के जो पड़ोसी राजा हैं,

iv. उन सबके राज्यों में देवताओं के प्रिय प्रियदर्शी राजा ने दो प्रकार की चिकित्सा का प्रबंध किया है-

v. मनुष्यों की चिकित्सा के लिए और पशुओं की चिकित्सा के लिए।

vi. मनुष्यों और पशुओं के लिए जहां-जहां औषधियां नहीं थीं वहां-वहां लाई और रोपी गई हैं।

vii. इसी प्रकार, जहां-जहां मूल व फल नहीं थे वहां-वहां लाए और रोपे गए हैं।

viii. मार्गों पर मनुष्यों तथा पशुओं के आराम के लिए कुएं खुदवाए गए हैं और वृक्ष लगाए गए हैं।

अशोक का बाराबर गुफालेख (द्वितीय)

लिप्यंतर

i. लाजिना पियदसिना दुवा

ii. डसवसाभिसितेना इयं

iii. कुभा खलतिक पवतसि

iv. दिना (आजीवि) केहि

(अशोक के बाराबर गुफा के प्रथम और इस द्वितीय लेख में, लगता है, किसी ने बाद में (आजीविकेहि) शब्द मिटाने की कोशिश की है। अशोक-पौत्र दशरथ के नागार्जुनी गुफा के प्रथम लेख में भी ऐसा ही हुआ है।)

अर्थ

द्वादश वर्ष से अभिषिक्त राजा प्रियदर्शी ने खलतिक पर्वत पर (स्थित) यह गुफा आजीविकों को प्रदान की।

32

भारत में अशोक का चिन्ह

भारत का राष्ट्रीय चिन्ह जो हमें दिखाई देता है, वह अशोक चिन्ह से ही लिया गया है।

अशोक स्तम्भ, जो भारत का राष्ट्रीय चिन्ह है, चार पशुओं का चिन्ह जिसे भगवान बुद्ध के जीवन के विभिन्न चरणों का प्रतीक माना जाता है।

हाथी : एक सफेद हाथी उसके गर्भ में प्रवेश की रानी माया का सपना के संदर्भ में बुद्ध के विचार का प्रतिनिधितव करता है।

सांड : एक राजकुमार के रूप में बुद्ध के जीवन के दौरान इच्छा का प्रतिनिधितव करता है।

घोड़ा : महलनुमा जीवन से बुद्ध के प्रस्थान का प्रतिनिधित्व करता है।

शेर : बुद्ध की उपलब्धि का प्रतिनिधित्व करता है।

वैसे एक मिथक यह भी है की भगवन बुद्ध ने स्वयं अशोक के बारे में भविष्यवाणी की थी– 'मेरे मरने के बाद एक सौ साल बाद एक सम्राट पाटलिपुत्र में अशोक के नाम से हो जाएगा। वह चार महाद्वीपों में से एक पर राज करेगा और मेरे अवशेष लोगों के कल्याण

के लिए चौरासी हजार स्तूप का निर्माण के साथ जम्बूद्वीप को सजाएगा। वह देवताओं और पुरुषों द्वारा सम्मानित किया जाएगा. उनकी प्रसिद्धि व्यापक होगा। भगवान बुद्ध के जीवन में यह प्रसंग शायद मिथक हो या सत्य, कहा नहीं जा सकता किंतु यह बात निश्चित तौर पर कही जा सकती है सम्राट अशोक प्राचीन भारत में ही नहीं आधुनिक विश्व में भी एक महानायक के रूप में जाने जाते हैं और भविष्य में भी जाने जाएंगे।

उन्होंने देश और समाज के कल्याण के लिए इतने कार्य किए कि भारत का इतिहास ही नहीं, विश्व का इतिहास भी उन्हें सदैव याद रखेगा। उनका एक स्मृति चिन्ह तो भारत के जन-जन की आंखों में आज भी बसा हुआ है और वह है सारनाथ में स्थित स्तंभ से लिया गया 'अशोक चक्र' जो हमारे राष्ट्रीय ध्वज पर भी अंकित है। अशोक चक्र को धर्म चक्र भी कहा जाता है।

भारत का यह राष्ट्रीय चिन्ह आधुनिक भारत की पहचान बन चुका है। यह हमारी अस्मिता, एकता, अखंडता और भाईचारे का भी प्रतीक है।

राष्ट्रीय चिन्ह का महत्व इसलिए भी महत्त्वपूर्ण है क्योंकि यह सर्वसाधारण के लिए, विश्व बन्धुत्व के लिए शांति एवं प्रेम का प्रतीक है।

33

कल्याणकारी कार्य

सम्राट अशोक के शासन-संगठन का प्रारूप लगभग वही था जो चंद्रगुप्त मौर्य के समय में था। अशोक के अभिलेखों में कई अधिकारियों का उल्लेख मिलता है। जैसे- राजुक, प्रादेशिक, युक्तक आदि। इनमें अधिकांश राज्याधिकारी चंद्रगुप्त के समय से चले आ रहे थे। अशोक ने प्रजा के कल्याण की भावना से प्रेरित होकर उनके कर्तव्यों में विस्तार किया। केवल धम्म महामात्रों की नियुक्ति एक नवीन प्रकार की नियुक्ति थी। बौद्ध धर्म ग्रहण करने के पश्चात अशोक ने धर्म प्रचार के लिए बड़ी लगन और उत्साह से काम किया परन्तु शासन के प्रति वह कतई उदासीन नहीं हुआ।

धर्म परायणता ने उसमें प्रजा के ऐहिक एवं पारलौकिक कल्याण के लिए लगन पैदा की। उसने राजा और प्रजा के बीच पैतृक संबंध को बढ़ाने पर अधिक बल दिया। कलिंग में अशोक ने कहा है, 'सारी प्रजा मेरी संतान है, जिस प्रकार मैं अपनी संतान के नैतिक और भौतिक कल्याण की कामना करता हूं उसी प्रकार अपनी प्रजा के ऐहिक और पारलौकिक कल्याण और सुख के लिए भी। जैसे एक मां एक शिशु को एक कुशल धाय को सौंपकर निश्चिंत हो

जाती है कि कुशल धाय संतान का पालन-पोषण करने में समर्थ है, उसी प्रकार मैंने भी अपनी प्रजा के सुख और कल्याण के लिए राजुकों की नियुक्ति की है।'

वह प्रजा के कार्य करने के लिए सदैव तैयार रहता था। अपने छठे शिलालेख में उसने यह घोषणा की, 'हर क्षण और हर स्थान पर-चाहे वह रसोईघर हो, अंतःपुर में हो अथवा उद्यान में, मेरे प्रतिवेदक मुझे प्रजा के कार्यों के संबंध में सूचित करें। मैं जनता का कार्य करने में कभी भी नहीं आघाता। मुझे प्रजा के कार्य करने चाहिए।' इस प्रकार हम देखते हैं कि राजा के उत्थानव्रत और प्रजाहित आदर्श पर अशोक ने अत्यधिक बल दिया।

यही नहीं, अशोक ने राजा के कर्तव्य का एक नया दृष्टिकोण प्रस्तुत किया। राजा प्रजा का ऋणी है, प्रजा के प्रति अपने कर्तव्य का पालन करके वह प्रजा का ऋण चुकाता है। अशोक के आठवें शिलालेख में तथा मोस्की लघु शिलालेख में यह अनुमान लगाया गया है कि अशोक राज्य के विभिन्न भागों में निरीक्षण भी करते थे। जिससे जनता के सुख-दुःख का सीधे पता लगा सके। उनका पुरुषों और प्रतिवेदकों द्वारा जनसम्पर्क बना रहता था।

अपने शासन को अधिक मानवीय बनाने के लिए अशोक ने शासन में कई सुधार किए। सर्वप्रथम प्रशासनिक सुधार किया जिसमें नियुक्त अधिकारी हर पांचवें साल राज्य में निरीक्षाटन के लिए जाते थे। प्रशासनिक कार्य के अतिरिक्त वे धम्म का प्रचार भी करते थे।

उसने मृत्युदंड को एकदम समाप्त नहीं किया, किन्तु यह व्यवस्था की कि यदि समुचित कारण उपस्थित हों, तो धम्म महामात्र न्यायाधिकारियों से दंड कम करवाने का प्रयत्न कर सकते हैं। जिन अपराधियों को मृत्युदंड दिया गया है उन्हें तीन दिन का अवकाश देने की व्यवस्था की गई, ताकि इस बीच उनके संबंधी उनके जीवनदान के लिए प्रार्थना कर सकें, और वे दान-व्रत-प्रार्थना के द्वारा परलोक की तैयारी कर सकें।

राजुकों को आदेश दिया गया कि दंड में एकरूपता हो और

पक्षपातरहित होना चाहिए। 26वें वर्ष में अशोक ने राजुकों, अभिहार तथा दंडकों को स्वतंत्रता दी ताकि ऊपर से बिना हस्तक्षेप के वे आत्मविश्वास के साथ प्रजा का हित कर सकें।

अशोक के शिलालेखों में उसके कल्याणकारी कार्य अंकित हैं जिनमें कहा गया है कि 'मनुष्यों और पशुओं के लिए चिकित्सालय खुलवाए। जहां मनुष्यों और पशुओं के लिए उपयोगी औषधियां उपलब्ध नहीं थीं वहां बाहर से मंगाकर उन्हें लगाया जाए। कंदमूल और फल भी जहां कभी नहीं थे, वहां बाहर से मंगाकर लगवाए गए।

सड़क के किनारों पर पेड़ लगाए गए ताकि मनुष्यों और पशुओं को छाया मिल सके। आठ कोस या नौ मील के फासले पर जगह-जगह कुएं खुदवाए गए। इसके अलावा अनेक प्याऊ स्थापित किए गए। इस प्रकार अशोक की धर्मपरायणता ने उन्हें अनेक प्रकार के कल्याणकारी कार्यों के लिए प्रेरित किया।

- आधुनिक युग में जिसे हम मुफ्त चिकित्सा कहते हैं, अशोक ने उस युग में अपने पूरे राज्य में मुफ्त चिकित्सालय और दवाखानों का निर्माण करवाया, इच्छा अनुसार कोई भी उसमें दान दे सकता था।
- अशोक ने अपने राज्य में पशुवध पर पूर्ण पाबंदी लगा दी, और पशुओं के लिए भी चिकित्सालय खुलवाए।
- प्रत्येक आठ कोस पर उसने तालाब खुदवाए व आश्रय स्थल बनवाए, बरगद और आम के पेड़ प्रत्येक रास्ते पर लगवाए।
- राज्य-भर में उसने मांसाहार पर पूर्ण प्रतिबन्ध लगवा दिया। शिकार प्रथा बंद करवा दी।
- अशोक ने सभी बौद्ध तीर्थों की यात्रा की, लुम्बिनी, गया, कपिलवस्तु, एवं सारनाथ जहां उसने अशोक स्तंभ बनवाया जो आज भारत का प्रतीक चिन्ह है।
- सम्राट अशोक ने लोगों के कल्याण को बढ़ावा दिया और मनुष्य के महत्त्व पर अधिक बल दिया।

- कैदियों से नम्रतापूर्वक व्यवहार के लिए अधिकारियों को निर्देश दिए।
- भिक्षुओं और जरूरतमंद से उपहार प्राप्त करने के बजाय सम्राट अशोक ने दान देना प्रारम्भ कर दिया।
- धर्म के द्वारा विजय बल से प्राप्त विजय से बेहतर है लेकिन अगर बल से विजय किया जाता है, यह धैर्य और हलकी सजा द्वारा होनी चाहिए।

सम्राट अशोक ने अपने एक शिलालेख में लिखा है कि– 'अपने प्रजा के लोगों के कल्याण के बारे में मुझे सूचित किया जाना चाहिए। इससे कोई फरक नहीं पड़ता कि 'कोई बात नहीं है या वह कहां है या क्या कर रहा है।' सबसे बड़ी बात विश्व में पहली बार राज्य धर्मनिरपेक्षता का आधार अशोक ने रखा जिसे पश्चिम जगत अपनी देन मानता है जो उसके बारहवें शिलालेख पर इस प्रकार अंकित है 'जो भी खुद के संप्रदाय को महान और दूसरे के संप्रदाय को धर्मांध होकर या अज्ञानता वश तुच्छ बताता है, वह अपने ही संप्रदाय का शत्रु है। एकता में ही बल है, एक दूसरे के मतों को सुनना और उनका आदर करना ही सही है।'

इन सब बातों से प्रेरित होकर अनेक पर्यावरण वादी जैसे सुन्दरलाल बहुगुणा ने अक्सर अशोक का उदहारण दिया है पर्यावरण की रक्षा हेतु हमें सम्राट अशोक से प्रेरणा लेनी चाहिए।

वंदना शिवा के अनुसार जिन्होंने प्राचीन भारतीय जड़ी-बूटियों का पश्चिम जगत द्वारा पेटेंट के विरुद्ध लडाइयां लड़ी हैं, उन्होंने अशोक के इसी सिद्धांत 'सभी जड़ी बूटियां एवं चिकित्सीय पौधों का उपयोग समस्त मानव जाति के लिए मुफ्त में होना चाहिए' को आधार बनाया। आज यदि विश्व में बौद्ध धर्म फैला है तो इसमें सबसे बड़ा योगदान अशोक का है।

34

अशोक की उपलब्धियां

विश्व इतिहास में सम्राट अशोक की उपलब्धियों के विषय में किसी भी तरह का मतभेद नहीं पाया जाता है क्योंकि उनके द्वारा किये गये कार्य आज भी विश्वपटल पर अपनी चमक बिखेर रहे हैं।

- सम्राट अशोक की सर्वप्रथम उपलब्धि यही मानी जाती है कि उन्होंने अपने राज्य की परम्परा के अनुसार गुप्तचर व्यवस्था को और अधिक मजबूती प्रदान की।
- धम्ममहापात्र, सम्राट अशोक के राज्य में एक नवीन प्रकार के राज्य-कर्मचारियों की नियुक्ति ने समस्त राज्य जनकल्याण के कार्यों को बहुत तेजी के साथ चारों तरफ फैला दिया।
- प्राचीन राजतंत्र प्रणाली में सम्राट अशोक एक मात्र ऐसा शासक रहा है जिसने राजा और प्रजा के मध्य पैतृक संबंधों की मनुष्यता के उच्चतम मूल्यों के आधार पर स्थापित किया।
- विश्व के समस्त सम्राटों में सम्राट अशोक एक मात्र ऐसे शासक रहे जिन्होंने अपनी युद्ध नीति को छोड़कर धर्म नीति को अत्यधिक प्रमुखता दी।
- सम्राट अशोक ने कलिंग युद्ध के पश्चात बौद्ध धर्म को अपनाया लेकिन उसने अपनी प्रजा को कभी भी अन्य धर्मों से विमुख करने

की कोशिश नहीं की बल्कि सभी धर्मों और संप्रदायों का समान सम्मान किया।

- इतिहासकारों का मानना है कि नगर निर्माण व्यवस्था अशोक की अमूल्य धरोहर है क्योंकि आधुनिक युग में भी उसके जैसी नगर व्यवस्था कम ही देखने को मिलती है।
- सम्राट अशोक के काल में वास्तुकला, चित्रकला और साहित्य सृजन अपने समय में उच्च स्तर पर पहुंच चुका था जिसमें विभिन्न धर्मों, संप्रदायों की साहित्य कला और संस्कृति को विकसित होने का भरपूर मौका मिला।
- सम्राट अशोक और लोककल्याण या लोककल्याणकारी राज्य एक दूसरे के पर्यायवाची बन गये हैं आधुनिक युग में सड़कों के किनारों को हरा-भरा सुन्दर तो बनाया जाता है किन्तु अशोक की तरह सड़कों के किनारे, कुओं, छायादार वृक्षों, मनुष्यों और पशुओं के लिए चिकित्सालयों का निर्माण कराना आज बहुत ही दुर्लभ हो गया है।
- सम्राट अशोक ने बौद्ध धर्म को अवश्य राज्य का धर्म घोषित किया किन्तु उन्होंने सिर्फ इस धर्म की सत्य और अहिंसा की नीति को ही अपनाया। उन्होंने बौद्ध धर्म की बजाय बौद्ध धम्म का प्रचार प्रसार किया जिसमें सिर्फ मनुष्य के नैतिक एवं भौतिक विकास से संबंधित राजाज्ञाएं होती थीं।

प्राचीन भारत में सम्राट अशोक ने अपने समय के पड़ोसी राज्यों से ही नहीं बल्कि अन्य देशों से भी अच्छे संबंध स्थापित किये। इन संबंधों का ही नतीजा था कि शिल्पकला, मुद्रण कला, चित्रकला और स्थापत्य कला का विकास हुआ और मौर्य काल प्राचीन भारत का 'स्वर्णिम युग' के रूप में अपनी पहचान बनाने में सफल हुआ।

35

अशोक की शिक्षाएं

- माता-पिता, गुरुजनों और आयु तथा पद में जो व्यक्ति बड़े हों, उनका मान-सम्मान करना चाहिए। उनकी आज्ञा-पालन में लापरवाही नहीं करनी चाहिए।
- अपने से छोटे व्यक्तियों के साथ स्नेह का व्यवहार करना चाहिए। उनके प्रति अपने मन में सदा प्रेम, दया का भाव रखना चाहिए।
- मनुष्य को सदा सत्य बोलना चाहिए।
- मनुष्य को मन, वचन और कर्म से किसी प्राणी को दुःख नहीं पहुंचाना चाहिए।
- अज्ञान के अंधकार में भूले-भटके लोगों को धर्म का दान करके ज्ञान का प्रकाश फैलाना चाहिए।
- मनुष्य को सदैव पाप कर्म से स्वयं को बचाकर रखना चाहिए।
- बुरे कर्म का फल बुरा और अच्छे कर्म का फल अच्छा होता है। इसीलिए मनुष्य को अच्छे कर्म करने चाहिए।
- मनुष्य को सदैव अंधविश्वास-भरे झूठे रीति-रिवाजों का त्याग करना चाहिए।
- मनुष्य को सदैव अपने धर्म का सम्मान करना चाहिए, किंतु कभी-भी दूसरों के धर्म की निंदा नहीं करनी चाहिए।

36

अशोक : पं. जवाहर लाल नेहरू

सम्राट अशोक के विषय में बहुत से विद्वानों ने अपने-अपने तरीके से लिखा है लेकिन प. जवाहर लाल नेहरू का भी एक अपना नजरिया था जो सबसे अलग देखने को मिलता है।

प. जवाहर लाल नेहरू अपनी पुस्तक 'हिन्दुस्तान की कहानी' में अशोक के विषय में लिखते हैं कि 'अशोक के जमाने में हिन्दुस्तान एक महत्वपूर्ण अंतर्राष्ट्रीय केन्द्र बन गया-खासतौर से बौद्ध धर्म के तेजी से बढ़ते हुए प्रचार की वजह से।'

नेहरू ने लिखा है कि अशोक ने कलिंग युद्ध को जीत तो लिया किन्तु युद्ध से उनका मन फिर गया। अशोक के इस परिवर्तन को नेहरू ने इस प्रकार लिखा है– 'विजयी सम्राटों और इतिहास के नेताओं के बीच वह अकेला व्यक्ति है जिसने विजय के क्षण में यह निश्चय किया कि वह आगे युद्ध नहीं करेगा।'

सम्राट अशोक के बौद्ध धर्म अपनाने के पश्चात निरंतर मानव सेवा में लग गए। उनका मूल्यांकन करते हुए नेहरू लिखते हैं कि 'इस अद्‌भुत शासक को एशिया के दूसरे हिस्सों में भी प्रेम के साथ याद किया जाएगा। वह घटनाओं को हाथ-पर-हाथ रखकर देखने वाला और

ध्यान में डूबा और अपनी चिंता में डूबा हुआ आदमी नहीं था। वह राजकाज में मेहनत करने वाला था और उसने यह ऐलान कर दिया था कि मैं सदा काम के लिए तैयार हूं।'

सम्राट अशोक ने साम्राज्य विस्तार के साथ-साथ व्यापार को भी बढ़ावा दिया जिसके विषय में नेहरू ने लिखा था कि 'विदेशों से संपर्क होने और धर्म के प्रचार प्रचारकों के बाहर जाने का नतीजा यह हुआ होगा कि हिन्दुस्तान और बाहर के मुल्कों में व्यापार बढ़ा हो क्योंकि खुतन (अब एशिया में सिनक्यांग) में हिन्दुस्तानियों के एक उपनिवेश का बयान हमें हासिल हुआ है-

'सम्राट अशोक सिर्फ बौद्ध धर्म प्रेमी ही नहीं था बल्कि भवन निर्माण में भी बहुत रुचि रखता था।' नेहरू लिखते हैं कि 'अशोक एक बड़ा निर्माता भी था और अपनी बड़ी-बड़ी इमारतों को बनवाने के लिए विदेशी कारीगरों को रख छोड़ा था।

37

सम्राट अशोक : रोमिला थापर

रोमिला थापर ने अपनी पुस्तक 'भारत का इतिहास' में अशोक के बारे जहां कुछ इतिहासकारों के मतभेद सम्मिलित किए हैं वहीं उन्होंने कुछ मतमतांतरों को उजागर करने का भी काम किया है।

रोमिला थापर लिखती हैं कि 'बौद्ध मत में अपनी व्यक्तिगत आस्था और उसके लिए अपने समर्थन को अलग रखकर अशोक ने एक समूह के रूप में भी धर्म से अनाशक्त रहने और पूर्वाग्रह न बरतने का कर्तव्य भली प्रकार निर्वाह किया।'

दूसरे स्थान पर उनके द्वारा लिखा गया है कि 'अशोक के समय का बौद्धमत मात्र एक आन्दोलन भी था, जिसने समाज के अनेक पक्षों को प्रभावित किया था...मौर्यकालिन भारत के संदर्भ में 'धम्म' की यह संकल्पना ही है कि जिसमें अशोक की वास्तविक उपलब्धि निहित है।

रोमिला थापर इस मत में विश्वास करती हैं कि बौद्ध धर्म से अशोक का 'धम्म' एकदम अलग किस्म का था। अशोक को शिलालेखों के अध्ययन के पश्चात उन्होंने अपना यह निष्कर्ष निकाला कि 'धम्म का उद्देश्य एक ऐसी मानसिक वृति का निर्माण करना था जिसमें सामाजिक उत्तरदायित्व को एक व्यक्ति को, दूसरे के प्रति व्यवहार को, अत्यधिक

महत्वपूर्ण समझा जाए। इसमें मनुष्य की महिमा को स्वीकृति देने और समाज के कार्यकलापों में मानवीय भावना का संचार करने का आग्रह था।'

सम्राट अशोक का साम्राज्य बहुत बड़ा था इसीलिए अपने साम्राज्य को स्थायित्व प्रदान करने हेतु धम्म नीति का प्रचार प्रसार किया। इस मत को रोमिला थापर इस प्रकार लिखती हैं; 'मौर्यकालीन भारत के ढांचे को देखते हुए, ऐसा केन्द्र तभी तक सफल हो सकता था जब वह सम्राट की ओर से उद्‌भूत हो। समन्वय उत्पन्न करने वाले सिद्धांतों की खोज में अशोक ने हर प्रश्न के बुनियादी पक्षों पर अपना ध्यान केंद्रित किया और उसके फलस्वरूप 'धम्म' के नाम से प्रसिद्ध नीति का जन्म हुआ।'

सन्दर्भ सूची

'अशोक'– लेखक: डी.आर. भंडारकर। प्रकाशक: एस. चन्द एन्ड कम्पनी।
'अशोक'– लेखक: राधाकुमुद मुखर्जी। प्रकाशक: मोतीलाल बनारसीदास।
मुखर्जी, राधाकुमुद अशोक, प्रथम संस्करण (हिन्दी), भारतडिस्कवरी पुस्तकालय: मोतीलाल बनारसीदास।
द्विजेन्द्र नारायण झा, कृष्ण मोहन श्रीमाली 'मौर्यकाल', प्राचीन भारत का इतिहास, द्वितीय संस्करण (हिंदी), दिल्ली: हिंदी माध्यम कार्यावय निदेशालय।
भट्टाचार्य, सचिदानंद भारतीय इतिहास कोश (हिंदी)। लखनऊ: उत्तरप्रदेश हिंदी संस्थान।
'भारत का इतिहास'– लेखिका: रोमिला थापर। प्रकाशक: राजकमल प्रकाशन।
सेनार्ट (इंस्क्रिप्शनस एटसे, पृ. 101) ने एक मनोरंजक सुझाव दिया है कि इस युद्ध में जितनी क्रूरता हुई थी, उसी के कारण अशोक ने बौद्ध धर्म स्वीकार किया। शायद इसी के आधार पर 'चंडाशोक' के अत्याचार की कहानियां चल निकलीं।
रेप्सन, ई.जे.। Ancient India: From the Earliest Times to the First Century AD (अंग्रेजी)।
'प्राचीन भारत की संस्कृति और सभ्यता'। लेखक: दामोदर धर्मानंद कोसांबी। अनुवादक: गुणाकर मुले। प्रकाशक: राजकमल प्रकाशन।
'भारत का इतिहास'– लेखिका: रोमिला थापर। प्रकाशक: राजकमल प्रकाशन।
पाणिनी 6,3,21 ई.पू. 350 सर आर. जी. भंडाकर।
तत्त्वबोधिनी और बालमनोरमा।
पाणिनी 5, 3, 14।
भारत की खोज। लेखक : जवाहर लाल नेहरू।